Die schönsten Gärtnereien

Cordula Hamann

Die schönsten Gärtnereien

Entdecken, stöbern, genießen

Deutsche Verlags-Anstalt

Inhalt

Vorwort

Gartenliebhaberinnen und Gartenliebhaber sind fast ständig auf der Suche nach besonderen Pflanzen und neuen Anregungen für den eigenen Garten. Und der Besuch einer Gärtnerei muss keineswegs zur hektischen Jagd werden, sondern kann verbunden sein mit Muße, Erholung, Stöbern und Genießen und vielleicht etwas Aufregung, wie eine Schatzsuche.

Nicht Einkaufsstress, sondern Gartenerleben steht von Februar bis November auf dem Programm: Denn in vielen Gärtnereien Deutschlands, Österreichs und der Schweiz begegnet uns Gartenkultur im besten Sinne mit inspirierenden Schaugärten und aparten Pflanzenkombinationen, mit liebevollen Dekorationen und fundierten Tipps, mit Neuheiten oder Rückbesinnung auf altmodische Pflanzen.

Kreativität und Begeisterung für Pflanzen eint die Gärtner und Gärtnerinnen, die ihre Gärtnereien zu einem besonderen Ort des Erlebens machen. Schon im zeitigen Frühjahr sind es die Kulturen der Schneeglöckchen, wilden Alpenveilchen und Anemonen, die einen Besuch wert sind, bis dann im Sommer die Rosen und im Spätherbst Gräser und Laubfärbung ihren Höhepunkt haben.

Nehmen Sie sich Zeit und lassen Sie sich mit dem Jahreslauf verzaubern von Wildobstlabyrinthen und Rosenlauben, von Dschungel-, Streifen- und Präriegärten, von Wasserlandschaften und Sandgärten, von Mauern, Hecken und lauschigen Plätzen, von Farbexperimenten mit Pracht- und Wildstauden. Und am Ende ist der Kopf vielleicht voller neuer Ideen und der Korb voller Pflanzen.

Bewährtes und Neues

Gartenzeiten Schwarz, Kehl-Bodersweier

Gleich vor dem Gärtnereigelände wirkt eine vielfältig mit Stauden und Gräsern bepflanzte Verkehrsinsel wie eine bunte Visitenkarte. Es ist ein schmückendes, farbenfreudiges Beet, das mit dem herkömmlichen, langweiligen Straßenbegleitgrün von früher nichts mehr zu tun hat. Geplant und angelegt wurde die Verkehrsinsel von Anke Schwarz, die die Gärtnerei mit fünfzehn Mitarbeiterinnen und Mitarbeitern seit 2003 führt. Vierzig Jahre zuvor hatten ihre Eltern Karl und Ursula Schwarz die Gartenbaumschule in Bodersweier, in der Nähe von Kehl, gegründet und einige Jahre später begonnen, einen großen Schaugarten anzulegen.

Links Zarte Pastelltöne im sonnigen Staudenbeet mit Astern, Fetthenne und Prachtkerze

Rechte Seite Im Christusdorn schaukeln kleine Boote aus Weidenruten.

Oben Rosen und Rispenhortensien umgeben das Haus mit Tabakschopf und das Blumenhaus.
Unten Blick in das wohnlich eingerichtete Blumenhaus

Zum Auftakt steht eine große Kiefer auf dem Gelände der Gartenbaumschule Schwarz. Ein altes Fahrrad, inmitten von Stauden und Gehölzen, lädt den Besucher mit einem »Welcome« in den Schaugarten ein, der täglich geöffnet ist. Ihm gegenüber liegt das Verkaufsgelände, dessen Gebäude in ebenso lebhaften wie warmen Farben gestrichen sind, und in großen Körben leuchten das Violett von Lavendel und das Weiß von Hortensien. Beide Bereiche sind so einladend gestaltet, dass es schwierig ist, sich zu entscheiden, welchen Weg man als ersten einschlagen soll.

Zwischen mächtigen Bäumen und feinen Stauden

Wie Eingangstore wirken die Rosenbögen, die zu einem großzügigen Wandelgang gefügt sind. Den Anfang machen zarte Rosatöne mit 'New Dawn', gefolgt von Pink, Rot, Lachs und Gelb. Zur Linken fordert ein Beet mit Tamariske, blühender Albizie, Strauch- und Kletterrosen, Hortensien, Bartblumen, Stauden und Gräsern erste Aufmerksamkeit. Auf die Glasscheiben eines alten Holzfensters sind mit weißer Farbe Gartengedichte, mal von Heinrich Heine, mal von Theodor Fontane geschrieben. Die Poesie hat es Anke Schwarz und ihrem Team angetan, die Gedichte wechseln jährlich. Am liebsten würde man sich gleich hier auf einer Bank unter einem schattenspendenden Mispelbaum niederlassen.

Lässt man den Blick zunächst noch schweifen, beeindrucken vor allem die alten Bäume, die dem 5000 Quadratmeter großen Schaugarten Struktur und Rahmen geben und der ganzen Anlage angenehme Proportionen verleihen. Wir finden eine Japanische Zelkowe *(Zelkova serrata)*, die zu den Ulmengewächsen gehört und im Herbst mit der lebhaften Färbung ihres Laubs besticht. Die hängende Form einer Blutbuche ergießt ihr Astwerk bis auf den Boden, in einem Christusdorn *(Gleditsia triacanthos)* mit fein gefiedertem Laub hängen kleine Gebilde aus Weidenruten, die an winzige, schaukelnde Boote erinnern. Gegenüber zeigt sich der Tulpenbaum *(Liriodendron tulipifera)* in seiner ganzen Schönheit, unterpflanzt mit Buchsbaumkugeln. Schmale Säulenhainbuchen und Säuleneichen setzen Ausrufezeichen, die Krone einer Lärche spannt sich über eine ruhige Rasenfläche. Wie eine große, weiche Wolke hat sich der geschlitztblättrige Japanische Ahorn in den Jahrzehnten entwickelt.

Natürliche Gestaltungsideen

Da ein Trompetenbaum das Zeitliche gesegnet hatte, gestaltete Anke Schwarz an dessen Stelle einen Kiesplatz, wobei das Holz des toten Baums eine wichtige Rolle spielt. Gestapelt in einem Metallgerüst bildet es nun einen besonderen Blickfang, ist einerseits Schutz und lässt andererseits durch eine ovale Öffnung dahinterliegende Bereiche wie fokussiert erscheinen. In zarten Pastelltönen werden Eibenkugeln umspielt von der weiß-rosa Prachtkerze *(Gaura lindheimeri)*, den einfachen Blüten der Rose 'Sweet Pretty', dem rosavioletten Schopflavendel und dem violetten Eisenkraut *(Verbena bonariensis)*, das über allem schwebt.

Für Anke Schwarz, die als ausgebildete Staudengärtnerin seit 1993 in der Gärtnerei arbeitet, ist es wichtig, viele natürliche Materialien zu verwenden und damit Lebendigkeit und Einfachheit auszudrücken. So gibt es Stillleben mit verblassten, weißen Schneckenhäusern, die auf dünnen Ästchen thronen, altes, sich langsam zersetzendes Holz, in dem die Rosetten der Dachwurz wachsen, Bohnenstangen, die lässig am Stamm eines Silberahorns lehnen. Hinter dem Kiesplatz schließt sich eine neue Holzterrasse an, wo die Korkspindel schon im September ihre intensive Herbstfärbung zeigt.

Ein Sonnenplatz für Stauden und Rosen

Im Winter 1999 hatte der Orkan Lothar gewütet. Da daraufhin bald alle großen Solitärgehölze ausverkauft waren, entwickelten Anke Schwarz und ihre Kolleginnen neue Gestaltungsideen für den nun freien Bereich. Ein achteckiger Holzpavillon zieht heute die Blicke auf sich. An seiner Rückseite, rechts und links neben einer Kletterrose, sind zwei Sprossenfenster als Insektenhotel gestaltet, während die anderen offen sind. An den ungeteilten Öffnungen bauschen sich bunte, transparente Stoffbahnen zart im Wind. Man darf gespannt sein, wie der Pavillon in den kommenden Jahren dekoriert sein wird.

Oben Poesie im Garten
Ganz oben Sorgsam gestapeltes Holz zieht die Aufmerksamkeit auf den Schaugarten.
Unten Der Holzpavillon mit Kletterrose und Insektenhotels

Oben Der hohe Sonnenhut *(Rudbeckia maxima)* mit seinem auffallend grauen Laub

Unten Das Angebot an Laub- und Nadelgehölzen ist sehr vielfältig.

Schmale, sich schlängelnde Wege sind mit Holzhäcksel belegt und führen zu Stauden und Gehölzen, die ihren sonnigen Standort mögen. Im Hintergrund stehen Gräser wie Chinaschilf, geschnittene Eiben und ein weiß blühender, duftender Strauch, der den schönen Namen Sieben-Söhne-des-Himmels-Strauch trägt *(Heptacodium miconioides)*. Er ist recht selten in Gärten zu finden, hat aber einiges zu bieten, etwa Blüten im Spätsommer, die immer zu siebt angeordnet sind, und attraktives Laub, das im Herbst lebhafte Färbung aufweist.

Astern in hellem und dunklem Violett umgeben den Pavillon, Walzenwolfsmilch und Perlkörbchen legen sich weich an den Wegrand, Bergminze *(Calamintha nepeta* subsp. *nepeta)* und Prachtkerzen bestechen mit ihren hellen, feinen Blütenwolken. Der Sonnenhut zeigt seine ganze Vielfalt: einige sind schon abgeblüht und schmücken dennoch mit den braunen Körbchen. Die weißen Arten blühen selbst noch im September und der hohe Sonnenhut *(Rudbeckia maxima)* leuchtet mit seinen großen, grauen Blättern, aus denen die aufrechten braunen Fruchtstände herausragen. Und immer wieder finden sich, wie überall im Schaugarten, Strauch-, Edel- oder Beetrosen. Die Farben reichen vom Orange der 'Pat Austin' über das Blutrot der bekannten Sorte 'Barkarole' bis zum Violett-Blau der 'Rhapsody in Blue' mit heller Mitte und auffallend gelben Staubgefäßen. Die Namen aller Rosen sind auf kleinen Tontöpfen verzeichnet, so dass sie sich in der Gärtnerei leicht wiederfinden lassen.

Veränderungen in der Gärtnerei

Ein Schild am Eingang zur Gärtnerei heißt die Kunden auf Deutsch und Französisch willkommen. Der Blick fällt auf Töpfe mit Bonsai-Kiefern, Granitstelen, einen üppig mit roten Früchten behangenen Zierapfel vor dem neuen Verkaufsgebäude. Zwischen halbrunden braunen Körben stehen Tische für Stauden; in allen erdenklichen Farben leuchten die genau beschilderten Rosen.

Außer den Rosen sind mehr als fünfhundert verschiedene Gehölze, fünfzig Waldreben und dreihundert Stauden im Sortiment. Seit zehn Jahren gilt das Hauptaugenmerk den privaten Kunden; Anke Schwarz und ihrem Team ist es wichtig, dass die angebotenen Pflanzen an das Klima angepasst und von hoher Qualität und besonderer Stärke sind.

»Es gibt einfach eine Entwicklung hin zu mehr Dienstleistung, und mit unserem Schaugarten erreichen wir viele private Kunden mit ihrer Gartensehnsucht. Wir beraten sie intensiv, legen auch Gärten an, aber wir machen keine Erd- und Steinarbeiten, sondern nur die Pflanzungen. Am liebsten ist es uns, wenn wir die Kunden und Kundinnen – auch in der Gartenpflege – über einen längeren Zeitraum begleiten können«, erläutert Anke Schwarz ihre Herangehensweise. »In einem Garten muss ja nicht immer alles auf einmal passieren.«

Sie selbst hat auf dem Umweg über die ländliche Hauswirtschaft zum Garten gefunden. »Da dachte ich dann: Gärtnerin ist eigentlich doch ein guter Beruf. Aber zuerst habe ich die landwirtschaftliche Ausbildung abgeschlossen!« Da ihr Vater meinte, eine Ausbildung in der Baumschule sei zu anstrengend für Frauen, entschied sie sich für die

Stauden, arbeitete auch in der Schweiz und machte schließlich ihre Meisterprüfung in Hannover. Seit sie die Gärtnerei, in der auch Baumschul- und Staudengärtner ausgebildet werden, führt, gibt es größere Umstrukturierungen, den neuen Namen Gartenzeiten Schwarz und immer wieder neue Ideen zur Gestaltung des Geländes.

Goldgelbes Haus mit Tabakschopf

Lange haben Anke Schwarz und Susanne Scheffler überlegt, wie das neue Gebäude aussehen sollte, bis sie die flüchtige Skizze eines Architekten überzeugte. »Plötzlich wussten wir, dass dieser Entwurf genau der richtige war«, erzählt Anke Schwarz. Seit 2005 ist das Haus der Gartenideen nun fertig, beherbergt die Kasse und ein großes Sortiment an Werkzeugen und Gartenaccessoires für drinnen und draußen.

Das große Holzhaus, seitlich mit einem Schleppdach versehen, ist in mattem Gelborange gestrichen, die Balkenkonstruktion im Eingangsbereich hebt sich in warmem Braun etwas ab. Die seitlichen Dachflächen haben eine Begrünung erhalten, und darüber erhebt sich ein weiteres, schmales Stockwerk mit einem Ziegeldach, das an die traditionellen Aufbauten erinnert, in denen früher in der Region Tabak getrocknet wurde. Im Inneren ergibt sich so ein lichter, hoher Raum, in dem ein Schwedenofen für wohlige Wärme in der kalten Jahreszeit sorgt.

Im Außenraum ist eine schmale, buchsbaumgefasste Rabatte an der Längsseite des Hauses zurückhaltend mit Chinaschilf, der Ballhortensie 'Annabelle', einer Kamelie und vielen Hosta-Arten bepflanzt. Eine dekorative Glaskugel, changierend zwischen Weiß, Grün und Gelb, fügt sich harmonisch in die Blattfarben einer Funkie. Immer wieder fallen kleine Details wie diese ins Auge; seien es nun die großen Körbe, in denen Hortensien arrangiert sind, graues Schwemmholz, das die Mitarbeiterinnen am Rhein gesammelt haben, oder ein einfacher Holztisch, unter dem bizarre Äste zusammen mit anthrazitfarbenen Kugeln vor dem Blumenhaus arrangiert sind.

Dieses Blumenhaus, eigentlich ein Folientunnel, wurde mit Farben und Holz umgestaltet, so dass fast eine wohnliche Atmosphäre entstand. Die vordere Giebelseite erhielt einen Holzrahmen, der wie das Haus der Gartenideen in mattem Gelb gestrichen wurde; die Rückseite ist mit mattroten Holzplatten verkleidet. Eine weiße Tür, Fensterrahmen und farbenfrohe Gartenmöbel vermitteln jenen Wohnraumeindruck. Hier bietet Anke Schwarz einjährigen Sommerflor, Chrysanthemen, Ziergräser, Eriken an. Im Herbst macht eine große Auswahl an Blumenzwiebeln auf Tischen und in Körben Vorfreude auf das nächste Frühjahr, und zum Ende des Jahres gibt es traditionell noch die große Weihnachtsausstellung, die Anke Schwarz und ihr Team mit viel Fantasie und immer neuen Ideen dekorieren.

»Eine große Stärke unseres Betriebs ist die sehr kreative und aktive Mitarbeit aller Beschäftigten«, betont Anke Schwarz. Und so dürfen die Kundinnen und Kunden in jedem Jahr wieder gespannt sein auf ein vielfältiges Veranstaltungsprogramm und neue Gestaltungsideen

Oben Pflanzenporträts führen durch das Rosensortiment.
Unten Der großzügige Wandelgang aus Rosenbögen im Schaugarten

Von alten und neuen Rosen

Landhaus Ettenbühl, Bad Bellingen-Hertingen

Im Markgräfler Land liegt in der Nähe von Bad Bellingen das Landhaus Ettenbühl, dessen Gärten in jedem Jahr Tausende von Besuchern, vor allem Rosenliebhaber anlocken. Im Eingangsbereich strahlen Stauden und Rosen in zarten Pastelltönen um die Wette; sie wurden entlang dem Wirtschaftsgebäude arrangiert. Ein kleines Beet mit Stauden, Gräsern und der hängenden Form des Schnurbaums *(Sophora japonica* 'Pendula') betont den Platz vor dem Restaurant, dessen Teegarten an der Rückseite einlädt, sich zwischen Rosen niederzulassen.

Links Die Pergola um den Teichgarten
Rechte Seite Die Rosengirlanden der 'Breewood Belle' umgeben den Lavendelgarten mit einem Blütenband.

Es begann mit alten Rosen

Auf einer Fläche von mehr als 5 Hektar verteilen sich verschiedene Themengärten, die auf die Ideen und die Tatkraft von Gisela Seidel zurückgehen. Mitte der siebziger Jahre des vergangenen Jahrhunderts haben sie und ihre Familie den Aussiedlerhof mit Stallgebäuden und 7 Hektar Land gekauft. Ein Besuch in England, von dem sie viele alte Rosen mitbrachte, hatte sie mit dem Gartenvirus infiziert und sie legte in der Nähe des Hauses als Erstes den Lavendelgarten an, wobei sie sich an der Form eines mittelalterlichen Klostergartens orientierte. Zu ihrer eigenen Überraschung entdeckte sie, dass sie Talent zum Gärtnern hat, und erhielt bei Entwurf und Bau architektonischer Elemente Unterstützung von ihrem Ehemann Alfred Seidel.

Im Lavendelgarten bestechen vor allem die an Girlanden gezogenen korallenrosa Rosen *(Rosa* 'Brewood Belle'), die im Juni den Garten mit einem üppigen Blütenband umgeben. Niedrige Hecken des graulaubigen Lavendels 'Hidcote Blue' mit seinen dunkelvioletten Blüten fassen die Beete ein, in denen Stauden mit den Blütenfarben Weiß, Rosa, Pink, Blau und Violett harmonisch aufeinander abgestimmt sind. Neben Rittersporn in Blau und Weiß finden sich Staudensalbei, Sterndolden, weiße und rosa Prachtkerzen, Pfingstrosen und Moschusmalven. Das graue Laub des Lavendels wiederholt sich in dem silbrig grauen Laub der kleinkronigen Hängebirnen *(Pyrus salicifolia* 'Pendula') und in den graublauen Nadeln einer imposanten Zeder im landschaftlichen Garten. Aus dem Laub des Storchschnabels schauen die pinkfarbenen Blüten der Rose 'Scarman's Crimson China' hervor, die zu den von John Scarman gezüchteten Landhaus-Rosen gehört.

Weitere Gartenzimmer sind historischen Rosen vorbehalten, die im Juni ihre Blütenhöhepunkte haben, und den öfter blühenden Moschusrosen wie 'Buff Beauty' oder 'Felicia'. Allen gemeinsam ist zudem noch ein betörender Duft, der alles einhüllt.

Beeindruckende Gehölze

Betritt man den Garten, gelangt man auf einen breiten Weg zu einer kleinen Anhöhe hinauf, auch »yellow brick road« genannt, ursprünglich ein Wirtschaftsweg. Begleitet wird er von gemischten Rabatten, frei wachsenden oder geschnittenen Gehölzen, die den Rahmen bilden für die verschiedenen Gartenzimmer, die versteckt rechts und links vom Weg liegen. Vor den immergrünen, ausladenden Leylandzypres-

Oben Die historischen Rosen verströmen im Juni ihren intensiven Duft.
Linke Seite In harmonischen Farbtönen zeigt sich der Lavendelgarten im Frühsommer.

sen (x *Cupressocyparis leylandii),* die zu mächtigen Säulen herangezogen sind, blüht im Frühjahr das Spalier mit Goldregen, dazwischen Blauregen, und die gemischten Rabatten zu ihren Füßen sind von Lavendel eingefasst. Strauchrosen sind kombiniert mit üppigen Stauden wie Iris, Storchschnabel und Wolfsmilch.

Auf der anderen Seite des Wegs beeindrucken besondere Gehölze wie Blauglocken- oder Trompetenbaum, die nach der Blüte ebenso wie der rispige Blasenbaum *(Koelreuteria paniculata)* interessante Fruchtstände ausbilden. Im lichten Schatten gedeihen wunderbar duftende Moschusrosen, alles Züchtungen von John Scarman, meist mit einfachen Blüten in Nuancen von Weiß und Rosa.

Der langgestreckte Pfingstrosenweg erhält seine besondere, auch im Winter beeindruckende Struktur durch Gehölze wie schmale Säuleneiben und große Buchsbaumkugeln. Im Frühsommer verströmen Staudenpfingstrosen ihren Duft, gefolgt von weißem Pfeifenstrauch. Weiß blühender Gartenhibiskus und graulaubiger Sommerflieder sind dann im Spätsommer Höhepunkte. Den Abschluss bildet der goldene Garten mit einer großen, fast gelblaubigen Linde. Schaut man am kleinen Wegekreuz nach rechts, so trifft der Blick überraschend auf die Märchenwiese mit einem Elefanten aus Buchsbaum und Hirschen aus Liguster.

Zu den ersten Gartenräumen, die Gisela Seidel gestaltete, gehörten auch der Teichgarten und der nach englischem Vorbild angelegte versunkene Garten, in dem mehr als hundert Strauchpfingstrosen zauberhaft gedeihen. Gerade dadurch, dass er tiefer liegt, stellt sich das Gefühl ein, in eine abgeschiedene, eigene Welt einzutauchen. Im Teichgarten wird dieses Gefühl geweckt durch eine breite, doppelte Pergola, die ihn umgibt. Üppig bepflanzt mit Blauregen, Jelängerjelieber und Ramblerrosen ist ein verschwiegener Raum entstanden. Tritt man aus ihm wieder hinaus, so stellt sich ein Gefühl von Weite ein, wenn man sieht, wie sich beeindruckende Bäume wie die Zelkowe, Japanischer Ahorn, Trauerweide, Blauzeder und Ginkgo auf der Rasenfläche erheben.

Neue Gartenideen

Auf der östlichen Seite der »yellow brick road« hat John Scarman, der für Gartenmanagement, Gartenschule und Rosenzucht verantwortlich zeichnet, in den letzten Jahren neuere Gartenbereiche angelegt: Ein typisch englischer Potager, mit Obst in verschiedenen Spalierformen, Gemüse und Blumen ist von einer »Hecke in der Luft« aus *Cercidiphyllum japonicum*, dem Kuchenbaum, umgeben, dessen welkendes Laub im Herbst nach karamellisiertem Apfelkuchen duftet. Strenge Rotbuchenhecken rahmen einen formalen Wassergarten ein. Über das leicht abschüssige Gelände ergießt sich eine mehrstufige Kaskade in ein rechteckiges Wasserbecken, in dessen Mitte ein Rosenpavillon schwebt. Die von John Scarman gezüchteten Ramblerrosen 'Donna's Rambler' und 'Mr. Nickleby' haben bereits eine dichte Laube gebildet. 'Donna' besticht im Frühsommer durch einfache weiße Blüten und kräftigen Duft, zum Herbst leuchten massenhaft kleine Hagebutten in Orange- und Rottönen in großen Büscheln. 'Nickelby' dagegen blüht fast das ganze Jahr mit schönen, duftenden weißen Blüten, wenn man nur regelmäßig das Verblühte schneidet.

Im rund angelegten Versuchsgarten, dessen Beete in konzentrischen Kreisen angeordnet sind, werden neue Rosensorten gezeigt und beobachtet, um ihre Qualitäten zu testen. Von der oberhalb liegenden Fliederwiese hat man einen schönen Blick auf die Rosenblüten, die sich von Mai bis November zeigen, und auf die alte Allee mit Mammutbäumen, unter denen im Frühjahr Tausende von Narzissen der Sorte 'Ice Folly' den fulminanten Auftakt der Gartensaison bilden.

Schon ab Februar sind Garten und Gärtnerei geöffnet, und von Oktober bis zum zeitigen Frühjahr stehen die vielen Scarman-Züchtungen und andere bewährte Rosen wurzelnackt zum Verkauf. Später im Jahr sind mehrere hundert verschiedene Sorten in Töpfen vorrätig. Rosenliebhaber, die sich vielleicht noch nicht entschieden haben, können ab Mai die vielen verschiedenen Arten und Sorten in ihrer ganzen Pracht im Garten erleben und sich von Blütenformen, Farben und Duft überzeugen lassen. Besuche im Garten des Landhauses Ettenbühl lohnen sich das ganze Jahr über, und es gibt immer wieder Neues zu entdecken: Ein imposantes Hainbuchenlabyrinth, entworfen von John Scarman, wurde im Mai 2010 neu eröffnet; das Zentrum ist nach historischen Vorlagen gestaltet, während die seitlichen Bereiche für jeden Gast eine Herausforderung sind.

Oben links Das Rosa der einfachen Blüten der Rose 'Kirsten Klein' verblasst zur Mitte hin.

Oben rechts 'John Scarman's Crimson China' in intensivem Rosarot

Links Säuleneiben und Buchsbaumkugeln rhythmisieren den Pfingstrosenweg.

Oben Das graue Laub der Weidenblättrigen Birne schwebt über dem Rosa und Pink der Blüten.

Unten links Der Rosenpavillon im Wasserbecken

Unten rechts An der »yellow brick road« stehen strenge Leylandzypressen im Kontrast zu den ausladenden Kronen von Trompeten- und Blauglockenbaum.

Grüne Oasen in der Stadt

Stadtgärtnerei Zürich

Ab Mitte Mai ist der Rasen im Schaugarten der Stadtgärtnerei Zürich übersät mit weißen Blättern. Ein imposanter Taschentuchbaum *(Davidia involucrata)* mit ausladender Krone sorgt für dieses kleine Schauspiel. Unzählige der weißen Scheinblüten hängen wie zarte Tücher im Geäst. Die zipfeligen Hüllblätter umschließen eine kleine kugelrunde, eher unscheinbare Blüte.

Links Pelargonien, Glockenreben und Hortensien, liebevoll zum Verkauf arrangiert
Rechte Seite Neben Rhododendren und Ginkgo bestechen die großen Blätter des Tafelblattes.

Oben Feigen und der große Taschentuchbaum im Hintergrund des Sandgartens
Unten In alten Holzkisten, auf Stühlen und Tischen werden die Pflanzen präsentiert.

Über den Friedhof zur Stadtgärtnerei

Ursprünglich hatte die Stadtgärtnerei ihren Standort direkt am Zürichsee, wo bis heute noch die Sukkulenten-Sammlung und ein sehenswerter Irisgarten im Belvoirpark zu finden sind. Die Stadtgärtnerei selbst zog 1933 um auf das heutige Gelände im Stadtteil Albisrieden.

Zu empfehlen ist auf dem Weg zur Stadtgärtnerei ein Spaziergang über den Friedhof Sihlfeld. Man betritt ihn unter dem Laubvorhang zweier beeindruckender Hängeblutbuchen, die den Eingang des Friedhofs markieren. Eine ungeheure Vielfalt an Gehölzen ist dort zu finden, etwa gefüllt blühende Kastanien, Blumeneschen, Blutbuchen, Japanischer Ahorn, Platanen und Tulpenbäume.

Gegenüber dem Friedhof liegt die Stadtgärtnerei, und schon von außen sieht man die aufrechten Kronen hoher Mammutbäume *(Metasequoia glyptostroboides)* in frischem Grün sowie einen Ginkgo vor intensiv violett blühenden Rhododendren. Der vordere Schaugartenbereich ist informell gestaltet, mit geschwungenen Wegen, einer großen schattenspendenden Pergola, gemischten Rabatten, Staudenbeeten und Gehölzgruppen in Rasenflächen; beherrschend wirkt hier der Taschentuchbaum mit seiner Größe.

Rechts Die Scheinblüten des Taschentuchbaums
Unten Im Tropenhaus haben sich die Blütenrispen der *Medinilla magnifica* entfaltet.

Im Schatten von Kiefer und Ginkgo mit noch frischgrünen Blättern laden Bänke ein, sich niederzulassen. Vielfältige Staudenpflanzungen mit interessanten Blattstrukturen und zarten Blüten umgeben diesen Bereich. Im Halbschatten treten die großen Blätter des Tafelblattes *(Astilboides tabularis)*, in deren Mitte sich Regenwasser gesammelt hat, in Kontrast zum dunkellaubigen Purpurglöckchen. Salomonssiegel und Tränendes Herz zeigen ihre überhängenden Blütenstiele. Am Fuß des Rhododendrons sorgen die feinen Wedel des Frauenhaarfarns *(Adiantum pedatum)* in zartem Grün und Teppichhartriegel *(Cornus canadensis)* mit kleinen weißen Blüten für eine gewisse Leichtigkeit.

Gegenüber, in den sonnigeren Bereichen, sind die Blüten der Pfingstrosen in Rosa-, Weiß- und Lachstönen im Mai und Juni ein Höhepunkt, umgeben von Storchschnabel in verschiedenen Arten und Sorten. Eine niedrige Eibenhecke ist der ruhige Hintergrund für Gräser und schließt den ersten Gartenbereich ab.

Die Überraschung: ein Sandgarten

Aus der Ferne schon wird man neugierig, denn hinter den Eiben ist Ungewöhnliches zu sehen: die spitzen Blätter von Agaven und neuseeländischem Flachs, die rauen Stämme von Fächer- und Hanfpalmen und gedrungene Yucca-Palmen. Die Kargheit vor allem besticht in diesem Gartenbereich. Heller Sand wird von einem geschwungenen grauen Plattenband, das wie ein Creek in der Wüstenlandschaft wirkt, geteilt. Graue Gräser mit gelblichen Blütenrispen und große Findlinge, die umschifft werden wollen, nehmen dieses Fließen auf. Knorrige Korallenbäume *(Erythrina crista-galli)* mit dicken Stämmen und frischem neuen Austrieb, die Nationalpflanze Argentiniens, sind in der kargen, leicht modellierten Landschaft der absolute Höhepunkt. Auch wenn sie noch nicht ihre intensiv-roten Blütenrispen zeigen, haben sie mit ihrer Wuchsform bereits im Mai eine gewisse Faszination.

Zitrusfrüchte, Khaki und Feigen stehen in Kübeln zuseiten eines langgestreckten, rechteckigen Wasserbeckens, in dem Kois und Schildkröten leben. Dieses Becken ist eine der bleibenden Strukturen, die Kübelpflanzen und die empfindlichen Pflanzen des Sandgartens werden im Oktober zum Überwintern in die Orangerie gebracht.

Palmen, Orchideen und alte Gemüsesorten

Der Schaugarten, das Tropen- und das Palmenhaus entstanden 1962. Eine große Sammlung farben- und formenreicher Orchideen beherbergt das mehr als 7 Meter hohe Tropenhaus. Im Eingangsbereich werden je nach Saison üppige Blumensträuße und besondere Gestecke zum Verkauf angeboten. Im Palmenhaus finden sich Königspalmen und Baumfarne, Bananen und Bambus, Ingwer und Kaffee.

Für die notwendige Luftfeuchtigkeit sorgen Teiche und Wasserbecken, und die frei fliegenden, bunten Tropenvögel schaffen eine besondere Atmosphäre.

Im Hof zwischen Palmen- und Tropenhaus sind Kräuter in eine Schubkarre gesetzt; Pelargonien, Fuchsien, Kapuzinerkresse können erworben werden. Neben den insgesamt zwölf Gewächshäusern, die in der Stadtgärtnerei bewirtschaftet werden, sind ornamentale Beete mit bunten Sommerblumen bepflanzt. Die Mitarbeiter der Stadtgärtnerei produzieren im Jahr auf 8000 Quadratmetern Freilandfläche 250 000 Pflanzen, darunter ein- und zweijährige, Stauden und Gehölze für die öffentlichen Blumenrabatten in Zürich, darüber hinaus besondere Schnittblumen, die als Dekoration für Empfänge, Kongresse oder öffentliche Veranstaltungen benötigt werden. Ein Teil dieser Pflanzen wird von der Stadtgärtnerei, deren Schaugärten und Gewächshäuser täglich geöffnet sind, zum freien Verkauf angeboten.

Zu den Zielen der Stadtgärtnerei, die seit zehn Jahren naturnahe Produktion und biologische Schädlingsbekämpfung betreibt, gehört es, das Verständnis für Pflanzen und naturnahes Gärtnern zu fördern. In Kursen zu gärtnerischen Themen und bei Führungen durch das Gelände geben die Mitarbeiter und Mitarbeiterinnen ihr fundiertes Wissen an Interessierte weiter.

Und jedes Jahr im April findet ein Tomatensetzlingsmarkt statt, in Zusammenarbeit mit Bioterra und der Stiftung ProSpecieRara, die sich für den Erhalt der Vielfalt der Kulturpflanzen und Nutztiere einsetzt. Dort können Fleisch-, Kirsch- oder Rundtomaten erworben werden, in Weiß, Gelb, Violett und natürlich in Rot. Auch für die von der Stadtgärtnerei durchgeführten Setzlingsmärkte für einheimisches und mediterranes Gemüse sowie Gewürzkräuter wird das Saatgut nach Möglichkeit von ProSpecieRara bezogen.

Oben Der Taschentuchbaum in seiner ganzen Pracht
Mitte Papageienblüten erscheinen wie skurrile Gestalten.
Links Reizvolle Kontraste in Farbe und Form: das Grün des Tafelblatts und das Rot der Purpurglöckchen
Rechte Seite In der Kargheit des Sandgartens stechen die Korallenbäume hervor.

Hinter alten Mauern

Alte Gutsgärtnerei Sierhagen, Altenkrempe

Schon der Name Alte Gutsgärtnerei Sierhagen klingt romantisch und lässt an vergangene Zeiten denken. Beeindruckend ist, auf dem Weg zur Gärtnerei, bereits die alte Eichenallee mit ausladenden, knorrigen Exemplaren, die zu der denkmalgeschützten Anlage in Ostholstein führt. 1999 entdeckte die Staudengärtnerin und Biologin Anke Cosmus die alte Gutsgärtnerei, pachtete das Gelände, eröffnete mit einer Partnerin eine Gärtnerei mit den Schwerpunkten Pflanzenverkauf, Gartenplanung und Gartenberatung und gründete 2002 einen Förderverein zur Erhaltung dieses historischen Gartenkulturguts.

Links Das alte Gewächshaus bestimmt das besondere Flair der Gärtnerei.
Rechte Seite Der Eingang in die Alte Gutsgärtnerei

Gutsgärtnerei
Sierhagen
Beratung & Verkauf
Öffnungszeiten der Gärtnerei:
März bis Oktober
Di - Sa 11-18 Uhr, So 14-18 Uhr

Oben Die Giebelseite des alten Palmenhauses, das heute als Café dient.
Unten links Der Verkaufsgarten mit Stauden und Kräutern
Unten rechts Eine Sonnenuhr und Bänke betonen das Zentrum des Rosengartens.
Rechte Seite links Weiden und Rosenbogen bilden einen doppelten Rahmen für die Stauden und das Gewächshaus
Rechte Seite rechts Vasen, Glasgefäße und besondere Pflanzen an einem der Gewächshäuser.

Gartenkultur

Als Anke Cosmus das Gelände entdeckte, wurde es als Gärtnerei nicht mehr genutzt. »Es war eigentlich alles eher eine Distellandschaft, die brachlag«, berichtet sie. »Irgendwie war ich von der ehemaligen Gärtnerei mit dem Palmenhaus, den Backsteinmauern und den Gewächshäusern begeistert. Mit meiner damaligen Partnerin entwickelten wir ein Konzept, wandten uns damit an den Besitzer, den Grafen von Plessen, und pachteten das Gelände für fünfundzwanzig Jahre.«

Vom Parkplatz aus führt ein breiter Weg in das Gelände, wie eine zentrale Sichtachse auf das alte, sanierte Palmenhaus zu, in dem sich heute ein Café befindet. Von Anfang an war für Anke Cosmus klar, dass sie eine Mischung von Garten, Gärtnerei und Café aufbauen wollte. Sie möchte Kultur und Leben im Garten zeigen. »In Deutschland verbinden viele mit einem Garten nur die Arbeit. In England dagegen bedeutet Garten Leben«, erläutert sie ihre Einstellung. Die Schaugärten mit Rosenspirale, Bauerngarten und Apothekerschlange liegen ihr sehr am Herzen, kann sie so doch auch ihr Können als Gestalterin zeigen und Besucher inspirieren.

Duftende Rosen und üppige Stauden

Bei der Auswahl der Rosen hat Anke Cosmus sich anregen lassen von der Rosensammlerin Gerda Nissen, die in den siebziger Jahren des 20. Jahrhunderts in den Gärten Dithmarschens alte Rosen entdeckte und sie zunächst beim Dithmarscher Landesmuseum aufpflanzte. Heute ist die Sammlung ihrer Rosen, mehr als fünfzig sind es inzwischen, im Meldorfer Rosengarten am Landwirtschaftsmuseum zu besichtigen.

Im Rosengarten der Gutsgärtnerei Sierhagen finden wir meist Rosen in Weiß oder Rosa mit der Kletterrose 'Venusta Pendula', in Pink mit *Rosa gallica* 'Conditorum' bis zu Violett mit der Ramblerrose 'Veilchenblau' und zu dunklem Blaurot der Rose 'Nuits de Young'. Der Duft historischer und auch englischer Rosen begeistert Anke Cosmus von jeher. Im Rosengarten, der kreisförmig von einer Ligusterhecke umgeben ist, hat sie die Rosen mit einer vielfältigen Staudenpflanzung kombi-

niert, die an das Farbspektrum der Rosen angelehnt ist. Rosa, blaue und violette Töne sind vertreten mit Storchschnabel, Iris, Zierlauch, Jungfer im Grünen, Katzenminze und Eisenhut. Einen silbrigen Schleier erhält der Garten durch Wollziest oder Beifuß, ergänzt um weiße Blüten von Cosmeen und Skabiosen.

Alte Backsteinmauern schützen den Garten vor den kalten Nord- und Ostwinden. »Dadurch ist die Vegetation innerhalb der Mauern, trotz des eher rauen, feuchten Klimas, auch immer vier Wochen voraus«, weist Anke Cosmus auf die Vorteile hin. Die längste Mauer an der Ostseite endet an einem alten Holztor, das zum Gutshof führte. Am Fuß der Mauer blühen in einer langgestreckten Rabatte Lavendel und Ysop-Arten mit weißen und blauvioletten Blüten, begleitet von graulaubigem Beifuß, der das Farbenspiel der Mauer aufnimmt. An dieser aufwendig sanierten Mauer finden sich noch heute verzierte Metallhalterungen, die für Spalierobst genutzt wurden. Diese Tradition hat Anke Cosmus wieder aufgenommen und einige junge Spalierobstbäume an die Mauer gepflanzt.

Den Garten genießen

Die alten Mauern, das Palmenhaus, Gewächs- und Kalthäuser bestimmen architektonisch das besondere Flair der alten Gutsgärtnerei; 2001 hat man die Bauten restauriert. Das Palmenhaus aus der Zeit um 1900 diente ursprünglich der Überwinterung empfindlicher Kübelpflanzen. Es hat an allen Seiten große, bis auf den Boden reichende Fenster, um den Innenraum gleichmäßig auszuleuchten. Die grünen Glasscheiben lassen allerdings nur so viel Sonnenlicht durch, dass die Pflanzen nicht zu schnell erwärmen oder austrocknen. Heute ist das Palmenhaus, einst Geschenk der letzten Kaiserin an ihre Hofdame, ein Café mit einer großen Terrasse, von der aus man die Gärten aus der Ferne genießen kann. Vor dem Rosengarten erheben sich alte Apfelbäume auf einer Wiese, ergänzt um neu hinzugekommene Quitten und Mispeln. Der große quadratische Küchengarten ist kein traditioneller Bauerngarten mit Buchsbaumeinfassungen, sondern eher ein Themengarten, in dem verschiedene Pflanzengruppen vorgestellt werden, etwa Linsen, Kohl und andere Blattgemüse, Kletterbohnen,

Oben Vor der schützenden alten Backsteinmauer gedeihen Ysop und Beifuß.
Unten links Kontrast: rotlaubiger Mauerpfeffer und Blauschwingel in einer Schale
Unten Mitte Echter Wein bildet ein Schattendach für empfindliche Pflanzen.
Unten rechts Karden und Hibiskus in einem kleinen Beet

Rhabarber und essbare Blüten wie Zucchini. Eingestreut in die formalen Beete sind aber auch Ein- und Zweijährige wie Studentenblume und Stockrosen. Ab dem Spätsommer ist ein Teil des Gartens ein wahres Farbenmeer mit unzähligen Dahlienarten. Und jedes Jahr im September gibt es ein großes Fest: »Dann wird geerntet und alle Mitglieder des Fördervereins kochen dann gemeinsam das, was der Garten hergibt«, erzählt Anke Cosmus begeistert. Die Vereinsmitglieder pflegen und unterhalten den Garten, bieten Führungen und Kurse zu verschiedenen Gartenthemen an.

Alles rund um den Garten

Von der mit Buchsbaum eingefassten Terrasse des Cafés führt ein Weg zur eigentlichen Gärtnerei. Schmale Beete begleiten ihn, sind bepflanzt mit Chinaschilf *(Miscanthus sinensis* 'Gracillimus'), Prachtkerze, Lavendel und gelb panaschiertem Salbei *(Salvia officinalis* 'Icterina'). Unter Pappeln und schmalblättrigen Weiden sind die Verkaufstische der Gärtnerei arrangiert. Offene Türen laden zum Stöbern in die Gewächshäuser ein; drinnen finden wir ausgewähltes Gartenwerkzeug, besondere Töpfe und Vasen und im Herbst ein großes Sortiment an Blumenzwiebeln. Die Saison beginnt mit dem Primeltag, wenn die Gärtnerei im März ihre Pforten öffnet. Dann gibt es die zarten Frühlingsblüher in großer Farbenvielfalt. Anke Cosmus produziert außer Kräutern ihre Pflanzen nicht selbst. Sie kauft Stauden und Gehölze von anderen Betrieben hinzu, etwa von der Baumschule Schütt, die auch die historischen Rosen von Gerda Nissen im Sortiment hat. Dabei legt sie Wert auf gesunde, kräftige Pflanzen, die mit dem Klima zurechtkommen, ist auf der Suche nach Besonderheiten und hat auch ihre

Lieblinge wie Storchschnabel oder Duftschneeball. Die Schaugärten sind ihre Visitenkarte; je nach Blütezeit sind auch besondere Pflanzenkombinationen gefragt. Anke Cosmus versteht sich im weitesten Sinne als Dienstleisterin rund um den Garten. Ihr Metier ist die Gestaltung, die Kommunikation, der Kontakt zu den Kunden, für die sie sich Zeit nimmt. Auch der Verkaufsgarten und die Gewächshäuser hat sie nach ästhetischen Gesichtspunkten gestaltet und bepflanzt. Obwohl sie früher gar nicht geplant hat, selbständig zu sein, ist sie fasziniert davon, dass es klappt und sagt von sich selbst, sie sei »mit Haut und Haaren« dabei. Der Pflege, Planung und Gestaltung privater Gärten widmet sie sich im Herbst und im zeitigen Frühjahr.

Nachdem sie die Gärtnerei mit vier Mitarbeiterinnen zwei Jahre allein geleitet hat, ist nun die Gartengestalterin Ilka Mahro Teilhaberin. Die beiden haben mit frischem Elan und Begeisterung im Herbst 2010 ein neues Projekt in Angriff genommen. Sie haben mehr als dreitausend Tulpen und Narzissen gesteckt und den Verkaufsgarten umgestaltet, und zudem ist ein neuer Schaugartenbereich entstanden: ein fast 400 Quadratmeter großer Gräsergarten mit Zierapfelbäumen, der nun den Eingangsbereich in völlig neuem Licht erscheinen lässt. Weidenblättrige Birnen (*Pyrus salicifolia* 'Pendula') und Hochstamm-Felsenbirnen haben in den Verkaufsgarten Einzug gehalten. Einige Attraktionen mehr, die es lohnen, der Gutsgärtnerei Sierhagen auch in den kommenden Jahren immer mal wieder einen Besuch abzustatten.

Oben Dahlienpracht im Spätsommer
Unten Nahezu geheimnisvoll wirkt die Blüte der Rose 'Mystique Ruffles'.

Auf einem alten Stadtbauernhof

Klützer Blumenkate, Klütz

Die Staudengärtnerei von Julia Schmoldt, genannt Klützer Blumenkate, hat viel mehr zu bieten als ihr Name sagt. Gelegen ist sie in dem schönen Ort Klütz in Mecklenburg-Vorpommern, der allein schon einen Besuch wert ist. In der ältesten Straße von Klütz steht hinter einem alten schmiedeeisernen Zaun ein großes Backsteingebäude mit einer Hoffläche, die über und über mit Stauden gefüllt ist. Die offenen Holztore einer denkmalgeschützten Fachwerkscheune fallen ins Auge. Umgeben von einer weißen Kletterrose und Scharlachwein *(Vitis coignetiae)* geleiten sie in den Blumenladen der Floristin Anne Frederich-Schildt, die für ihre Gestecke auch schon mal auf die Blütenvielfalt in der Staudengärtnerei zurückgreifen kann.

Links Blick durch einen schmiedeeisernen Zaun auf üppige Staudenbeete
Rechte Seite Schönes Natursteinpflaster umgibt Topfquartiere und Mutterpflanzenbeete.

Oben Sonnenhüte, Eibisch und Phlox vor der renovierten Fassade
Rechte Seite oben Am Platz unter der Esche sitzt man den Pflanzen fast auf Augenhöhe gegenüber.
Rechte Seite unten Auch im Schatten der Mauern ist jeder Winkel genutzt.

In neuem alten Glanz

Seitlich der Scheune führt ein von unzähligen Stauden begleiteter Weg in die Staudengärtnerei auf dem Gelände eines alten Stadtbauernhofs aus der Mitte des 19. Jahrhunderts. Leicht abschüssig führt der Weg hinunter, und hellrosa Stockrosen erheben sich über weißem Sonnenhut mit grünem Schimmer. Die Pflanzen werden auf leicht erhöhten Gestellen angeboten, sie stehen auf einfachen Holzbrettern, sind mal in kleinen Körben, mal in Holzkisten nach Farben harmonisch zusammengestellt.

Als Julia Schmoldt das Anwesen 2002 erwarb, war es seit fünfzehn Jahren nicht mehr genutzt worden. Die Gebäude waren in schlechtem Zustand, Mauern teilweise eingefallen und das Außengelände völlig zugewachsen. Große Eschen hatten sich kräftig ausgesät; nur einer dieser Bäume steht heute noch in der Mitte der Gärtnerei und spendet einer kleinen Sitzgruppe angenehmen Schatten. Neben der Fachwerkscheune sind auch die Stallgebäude aus altem Backstein, das Fachwerkwohnhaus und ein kleines Gärtnerhäuschen aufwendig restauriert worden. Neue Natursteinpflasterwege mit unregelmäßigen Platten und ergänzt mit Kleinstein führen durch die Gärtnerei, vorbei an Stauden, die in unterschiedlicher Höhe arrangiert sind. Julia Schmoldt bietet ihren Kunden, die auch die persönliche Beratung sehr schätzen, ausführliche Informationen zu Blütezeit und Standortansprüchen, mit botanischen und deutschen Namen sowie eigenen Farbfotos.

»Bei uns gibt es keine modernen Alu-Gestelle für die Pflanzen. Hier ist auch nichts gestylt, sondern manchmal eher improvisiert«, erläutert Julia Schmoldt. »Ich finde, das passt einfach besser zu den alten Gebäuden. Und vielen Kunden gefällt genau diese Stimmung in unserer Gärtnerei.« Die Kunden, meist Privatleute, kommen aus der Umgebung, aber auch aus Hamburg und Lübeck. Viele Urlauber werfen einen Blick in die Gärtnerei und gehen selten ohne Pflanzen wieder hinaus.

Üppige Mutterpflanzenbeete

An der Rückseite des alten Stallgebäudes, das auch als Topf- und Werkzeuglager genutzt wird, ist ein schmales Beet mit Storchschnabel, weißbunter Kriechspindel und Hortensien gestaltet. Die Fassade ist begrünt mit Efeu und Hopfen, vor dem sich Spinnenblumen in zarten Pastelltönen abheben.

In der Klützer Blumenkate ist die Trennung zwischen den Topfquartieren und den Mutterpflanzenbeeten nicht so streng wie in vielen anderen Gärtnereien. Dadurch gewinnt die Gärtnerei Gartencharakter. Stauden werden mit ein- und zweijährigen Pflanzen gemischt, etwa Schmuckkörbchen mit einjährigem Sonnenhut *(Rudbeckia hirta)*, der sich gut für den Schnitt eignet, oder es gibt ganze Beete mit Sonnenbraut in den Farben Gelb, Orangerot oder Rotbraun. Ein anderes Beet ist im Spätsommer eine Wolke von Rosa und Rot mit dem hohen, dennoch filigranen Hanfblättrigen Eibisch *(Althaea cannabina)*, der ungewöhnlichen Karamellbeere *(Leycesteria formosa)* und dem pinkroten Laub der Gartenmelde *(Atriplex hortensis* var. *rubra)*, die, obwohl eine

Gemüsepflanze, ihre Schmuckwirkung auch in Staudenbeeten entfalten kann. Mit Phlox, Herbstanemonen, Eisenkraut und Anisdolde ziehen sich Rosa- und Violetttöne durch den Garten. »Später im Herbst sind es dann vor allem die Astern, die ihre besondere Wirkung entfalten, wenn sie ein ganzes Beet bevölkern. Und selbst Kundinnen und Kunden, die eigentlich dachten, sie würden keine Astern mögen, kommen an ihnen einfach nicht vorbei«, berichtet Julia Schmoldt lächelnd.

Die Liebe zu den Stauden

Für Julia Schmoldt, die 2003 den Garten anzulegen begann, ist mit der Eröffnung der Gärtnerei auf der denkmalgeschützten Hofanlage ein Traum in Erfüllung gegangen. Sie hatte schon vor dem Umzug nach Klütz eine kleine Staudengärtnerei betrieben, aber ursprünglich eine Ausbildung als Blumen- und Zierpflanzengärtnerin und in der ökologischen Landwirtschaft abgeschlossen. Seit zehn Jahren sind es nun die Stauden, die es der zweifachen Mutter angetan haben. »Der

Anfang war nicht einfach, aber es macht Spaß. Und ich lerne eigentlich jeden Tag, wenn ich in der Gärtnerei arbeite. Schließlich gibt es ja auch immer wieder neue Arten und Sorten.«

Julia Schmoldt bewältigt die Arbeiten in der Gärtnerei mit einer Gärtnerin in Teilzeit und einer Kollegin, die als Lohnunternehmerin mitarbeitet. »Und wenn wir bei der vielen Arbeit in der Hochsaison manche Ecken mal nicht schaffen, dann säen sich da gelber Lerchensporn oder rosa und weiße Moschusmalven aus«, meint sie gelassen. Und auch diese unbeabsichtigten Pflanzenkombinationen machen, zusammen mit den Fachwerk- und Backsteingebäuden, den Charme der Gärtnerei aus.

Ungefähr siebenhundert verschiedene Pflanzen, darunter viele altbekannte Bauerngartenstauden, hat Julia Schmoldt in ihrer Gärtnerei anzubieten; über Teilung, Stecklinge oder aus Saatgut vermehrt sie sie selbst. Nur selten kauft sie Jungpflanzen hinzu, ist aber begeistert, wenn sie bei Besuchen anderer Gärtnereien Neuigkeiten entdeckt, die dann auch in ihren Betrieb Einzug halten.

In jedem Jahr beteiligt sich Julia Schmoldt an der Aktion der Offenen Gärten in Mecklenburg-Vorpommern, auch der Tag des offenen Denkmals im September ist ein wichtiges Datum. Da wird die ganze Gärtnerei herausgeputzt und neben den blühenden Stauden in den Beeten, in Körben und Kästen oder auf alten Holzbänken leuchten dann manchmal auch Kürbisse in Gelb oder Orange.

Oben Die Gelb- und Orangetöne des Spätsommers, unterbrochen von rosa Herbstanemonen

Links Sonnenhut, Malve und Anemone begleiten den Weg zur Gärtnerei.

Rechts Kräuter, ein- und mehrjährige, auf einer einfachen Bank in kleinen Körben arrangiert
Unten rechts Korbblüten von Sonnenhut, Aster und Cosmea ergänzen einander.
Unten Weinreben, Stockrosen und Malven an einer alten Mauer

Wilde Alpenveilchen

Duft- und Wandelgärtnerei Schoebel, Bergen an der Dumme

»Duft- und Wandelgärtnerei« nennen Gerhild und Karen Schoebel ihre Gärtnerei in Bergen an der Dumme im östlichen Niedersachsen. Seit 1964 ist die Gärtnerei im Familienbesitz. Das Gelände war im ersten Jahr nur gepachtet, und die Schoebels mussten sich erst einmal daran machen, das Gelände aufzuräumen und von Müll zu befreien. 1965 kauften Gerhild Schoebel und ihr Mann das Gelände und begannen mit dem professionellen Aufbau der Gärtnerei. Im Lauf der Jahre hat sich das Gesicht der Gärtnerei verändert, etliche Glashäuser sind gebaut worden, Folientunnel und Frühbeetkästen kamen hinzu. »Wir sind eine typische Gärtnerei für den ländlichen Raum«, berichtet Gerhild Schoebel. »Wir bieten alles an, was auf dem Land so nachgefragt wird, einschließlich Floristik.« Das Gärtnern liegt offensichtlich in der Familie: der Sohn ist Landschaftsgärtner, die Tochter Karen begeisterte Staudengärtnerin.

Links Blaue Keramikkugeln als Schmuck einer niedrigen Eibenspirale
Rechte Seite Farbenfroh und vielfältig kennzeichnen die Pflanzen den Eingang zur Gärtnerei.

Schoebel

Der Alpenveilchenberg

In den letzten Jahren haben sich die Schoebels einen Namen gemacht durch die Vermehrung von wilden Alpenveilchen, und ein Keramikschild weist den Weg. Zu bestaunen sind sie, wenn der Winter es zulässt, ab Februar *(Cyclamen coum)* auf dem Alpenveilchenberg. Im zeitigen Frühjahr blühen auf dem Weg dorthin schon Buschwindröschen *(Anemone nemorosa)*, die Kaiserkronen zeigen ihr frisches grünes Laub, immergrüne Farne setzen Akzente. Im Schatten großer, alter Bäume breiten sich die Alpenveilchen teppichartig in Weiß, zartem Rosa bis Pinkviolett aus. Nicht nur die zarten Blüten haben ihren Reiz, sondern auch die Blattformen und -farben! Die Sorte *Cyclamen coum* 'Silver Leaf' zeigt silbrig weiße Blätter mit dunkelgrüner Mitte. Das herbstblühende, Efeublättrige Alpenveilchen *(Cyclamen hederifolium)* besticht durch die graue Maserung auf seinen Blättern. Das Europäische Alpenveilchen *(Cyclamen purpurascens)* blüht vom Frühsommer bis zum Herbst, verströmt zarten Duft und ist als einziges immergrün. Dazwischen wildert im Garten auch das nach Honig duftende *Cyclamen cilicium* aus, mit hellrosa Blüten und runden Blättern. All diese winterharten Sorten mögen eher kalkhaltigen Boden und gedeihen gut im lichten Schatten von Laubbäumen. In der Gärtnerei Schoebel werden sie auch in Frühbeetkästen herangezogen; die nicht winterharten Alpenveilchen, die sich eher für Alpinhäuser eignen oder in Töpfen gehalten werden können, stehen in schützenden Folientunneln. Die Vermehrung erfolgt über die Samen, die zu ernten wirklich Fingerspitzengefühl fordert. Da nicht immer jedes einzelne Samenkörnchen gesammelt wird und Gerhild Schoebel den Rest einfach im Garten verteilt, breiten sich die Alpenveilchen auch an ihren Standorten aus. Auf dem Alpenveilchenberg liegt ein Beet, das wie ein großes Schiff anmutet, mit Corten-Stahl eingefasst und mit Seggen bepflanzt *(Carex morrowii)*, die im lichten Schatten gut gedeihen. Aufrechte rostbraune Stahlplatten mit großen ovalen Öffnungen setzen Akzente und bieten Durchblicke in andere Gartenbereiche.

Leicht hügelige Parklandschaft

Zwischen Gewächshäusern und einer Scheune führt ein Weg zu großen, alten Eiben, die an einem Dachgarten in luftiger Höhe stehen: Mauerpfeffer, Dachwurz und Schnittlauch haben hier ihren Platz gefunden.

Übereinander an Holzstäben angeordnete, bepflanzte Tontöpfe sind ein besonderer Blickfang. Im Schatten ausladender Bäume wie Eichen, Eiben oder Scheinakazien führt ein Weg aufwärts zu einer Grotte mit einem Sitzplatz aus Holz, ein anderer führt zum Blattgarten, in dem die Blattstrukturen der Stauden im Vordergrund stehen. Im Frühjahr zeigt das Leberblümchen *(Hepatica nobilis)* im Schatten von Gehölzen seine blauen Blüten. Die Europäische Haselwurz *(Asarum europaeum)* hat sich mit ihren immergrünen, runden, ledrig glänzenden Blättern über eine große Fläche ausgebreitet. Die großen, immergrünen Blätter von Bergenien geben dem Garten im ganzen Jahr Struktur und setzen im Herbst mit der Laubfärbung besondere Akzente. Zaubernuss und Korkenzieherhasel zeigen schon ab Februar die ersten Blüten.

Unter einer hohen Kiefer hat Karen Schoebel eine Spirale aus niedrigen Eiben gepflanzt. Im zeitigen Frühjahr, wenn erst wenige Stauden ausgetrieben sind, stehen blaue Keramikkugeln im Mittelpunkt. Im Hintergrund sind es verschiedene Christ- und Lenzrosen, die zu dieser Jahreszeit für Höhepunkte sorgen. Es gibt weiße Lenzrosen, die gemeine Nieswurz *(Helleborus foetidus)*, deren hellgrüne Blüten schon ab Dezember erscheinen und sich kontrastreich vom dunkelgrünen, filigranen Laub abheben. Ungewöhnlich und auffällig sind Lenzrosen in dunklem Rot, die fast metallisch schimmern *(Helleborus* 'Metallic Blue'). Krokus, Narzissen und Märzenbecher sind weitere Frühlingsboten. Von hier oben hat man einen Überblick auf das gesamte Gelände mit seinen verschiedenen Gewächshäusern.

Unten rechts Von Weiß bis Rosaviolett: das Farbspektrum von *Cyclamen coum*
Unten In alten Frühbeeten werden Hunderte von Alpenveilchen herangezogen.

Oben Einem Teppich ähnlich haben sich Alpenveilchen und Aronstab ausgebreitet.

Unten links *Cyclamen purpurascens* 'Silver Leaf' mit duftenden Blüten und silbrigem Laub im September

Unten Schon im Februar bahnen sich die ersten Blüten ihren Weg.

Der Magnoliengarten

Es gibt viele Gründe, die Gärtnerei Schoebel zu verschiedenen Jahreszeiten zu besuchen. Ab Februar zeigen die *Cyclamen coum*, wenn sie nicht mehr unter einer dicken Schneedecke liegen, ihre Blüten und die lebhaft gezeichneten Blätter, im Herbst sind die Efeublättrigen Alpenveilchen zu bestaunen.

Und im Frühjahr sorgt eine beeindruckende, gut hundertfünfzig Jahre alte Tulpenmagnolie *(Magnolia soulangiana)* mit ihrem dichten Laubdach für eine ganz besondere Atmosphäre direkt hinter dem Geschäftshaus. Ende April oder Anfang Mai ist die Blütenpracht atemberaubend, sie wird noch durch blühende Rhododendren und Azaleen verstärkt. Auf der Terrasse im Schatten der ausladenden Tulpenmagnolie hält man sich gern auf. Die grünlichen Blüten und gezähnten Blätter der korsischen Christrose *(Helleborus argutifolius)* fallen im Frühjahr ins Auge.

Weiße Japananemonen blühen im Spätsommer am Rand des Magnoliengartens in der Sonne. Im tiefen Schatten unter der Magnolie sind es vor allem sommer- und immergrüne Farne und Funkien, die unter diesen Bedingungen noch gedeihen. Da gibt es den feingliedrigen, frisch-grünen Frauenhaarfarn *(Adiantum pedatum)* und den silbrig schimmernden Japanischen Regenbogenfarn *(Athyrium niponicum* 'Metallicum'), eine wirklich aparte Erscheinung, denn außer Silber mischen sich auch noch Rottöne in das Grün. Farne sind eine weitere Spezialität der Duft- und Wandelgärtnerei Schoebel, fast hundert verschiedene Arten und Sorten, mehr als die Hälfte davon wintergrün, finden sich im Sortiment. Und sie schmücken mit ihrem filigranen Laub natürlich auch den Garten der 2 Hektar großen Gärtnerei, in der man mit Lust wandeln kann. Die Liebe zu den Farnen hat Karen Schoebel von ihrer ersten Neuseelandreise mitgebracht, sie lässt sie seitdem nicht mehr los.

Zwischen den Gewächshäusern stöbern

Die Glasabdeckungen der langen Frühbeete sind zur Belüftung geöffnet und darunter erstrahlen die Blüten der Alpenveilchen in Weiß, Rosa und Pink. Zu den Hauptblütezeiten stehen in den Gängen zwischen den Gewächshäusern unzählige Kisten mit Alpenveilchen, deren feine Unterschiede in Blütenfarbe oder Blattform zum Vorschein kommen.

Doch es gibt noch viel mehr zu entdecken. »Auf dem Land ist das anders, da muss man als Gärtnerei eigentlich alles abdecken, was so gebraucht wird, sowohl Pflanzen als auch dekoratives Zubehör«, gibt Gerhild Schoebel zu bedenken. Neben Gerhild und Karen Schoebel sind vier Mitarbeiterinnen beschäftigt, denn es gibt einjährige Pflanzen, eine Auswahl an Gehölzen, Heil- und Gewürzkräuter, Stauden, Farne, Kübelpflanzen, Blumensträuße und Gestecke, Dünger und Substrate, englische Accessoires für innen und außen, Gartenliteratur, Tee und Pflanzenkosmetik. Und noch eine Besonderheit: ein Dufthaus. Man sollte nicht versäumen, dort seine Nase hineinzustecken, denn im Dufthaus findet sich eine Sammlung von Duftpelargonien. Mehr als neunzig Arten und Sorten sind hier vertreten, und Karen Schoebel bringt immer wieder neue Pflanzen mit, die sie auf speziellen Pflanzenmärkten oder übers Internet aufstöbert und die dann bei Pflanzenliebhabern ein neues Zuhause finden.

Oben In dunklem Blaurot schimmert die Lenzrose 'Metallic Blue'.
Mitte Mit strahlend weißer Blüte bringt die Lenzrose Licht in schattige Partien.
Rechts Zwischen den runden Blättern der Haselwurz schieben sich Zwergnarzissen empor.
Linke Seite Die imposante Tulpenmagnolie steht im Frühjahr in voller Blüte.

Kräuterwiesen

Artemisia, Allgäuer Kräutergarten, Stiefenhofen

Im Westallgäu liegt der Ort Stiefenhofen, und hier scheint es sich seit zehn Jahren nur noch um Kräuter zu drehen. 2000 wurde der Verein Allgäuer Kräuterland gegründet, wozu auch die Kräutergärtnerei Artemisia von Tilman Schlosser beigetragen hat. Doch wenn man es recht bedenkt, haben das Wissen und die Anwendung von Kräutern im Allgäu eine jahrhundertealte Tradition.

Links Gemähter Rasenweg durch die Kräuterwiesen
Rechte Seite Karden, Cosmeen und Königskerzen finden Verwendung in besonderen Tees.

Zwischen Königskerzen und Blutweiderich

Etwas erhöht liegt der alte Hof, den Tilman Schlosser mit insgesamt 10 Hektar Land 1997 erwarb. »Eigentlich hat der Ort mich gefunden und nicht umgekehrt. Und dann konnten wir in der Region viel in Gang setzen, was Heilkräuter und Kräuterküche betrifft«, berichtet Tilman Schlosser rückblickend. Und er hat recht, denn es ist ein besonderer Ort, an dem er Gärtnerei und Garten angesiedelt hat.

Unterhalb des Hauses breitet sich in leichter Hanglage ein großer, wilder Kräutergarten aus. »Unser Garten ist jeden Tag 24 Stunden geöffnet. Und er hat viele Besucher und Besucherinnen, manche gehen einfach nur spazieren oder machen auf ihren Wanderungen einen Abstecher durch den Garten.« Auf gemähten Rasenwegen oder auf Kies und Schotter, mit weitem Blick in die bergige Landschaft, kann man durch die Kräuterwiesen schlendern. Da leuchten ganze Felder mit gelben Königskerzen *(Verbascum densiflorum)*, deren Blüten im Grunde täglich geerntet werden und in Hustentees Verwendung finden. Sie sind umgeben von der Wilden Karde, deren Wurzeln im September geerntet werden, und von rosa Schmuckkörbchen mit filigranem Laub. In kräftigem Rot schieben sich die Indianernesseln *(Monarda didyma)* in den Vordergrund und blühen viele Wochen.

Die pinkfarbenen Kerzen des Blutweiderichs *(Lythrum salicaria)*, Magnete für Hummeln und Schmetterlinge, sind der kontrastreiche Hintergrund für die grauen Blütenrispen des Beifußes *(Artemisia)*, der der Gärtnerei den Namen gab. Die weißen Blütendolden der Meisterwurz *(Peucedanum ostruthium)* erheben sich bis in eine Höhe von gut einem Meter, umspielt von Nachtkerzen *(Oenothera)* und Malven. Ein ganzes Feld von Ringelblumen leuchtet in kräftigem Orange, der zweijährige Muskatellersalbei zeigt seine hellvioletten Blüten. Besonders zart wirkt eine Wiesenblumenmischung mit Cosmeen, Kornblumen *(Centaurea cyanus)* und Malven *(Malvacaea)*.

Der Kräutergarten endet in einer Senke an einem Teich mit weißen Seerosen, umstanden von Birken. Hier finden wir das heimische Mädesüß, blauen Beinwell, Rohrkolben und Binsen. Im Wasser stehen abgestorbene Äste mit weißen Gebetsfahnen wie Installationen. »Was mir eigentlich besonders wichtig ist, sind Landwirtschaft – ich experimentiere da auch mit alten Getreidesorten –, Spiritualität und Kunst. Aber ich bin da sehr offen, mich interessieren ganz verschiedene Bereiche. Zum einen die belebte Natur überhaupt, aber auch Geomantie und Buddhismus«, sagt Tilman Schlosser über sich.

Über das Grundstück sind kleine Hütten verteilt, die Schutz bieten oder auf die vielen Interessen von Tilman Schlosser verweisen, etwa wenn darin Malereien zu sehen sind. Ein Steinkreis vor dem Nadelwald mutet an wie ein ruhiger Versammlungs- oder Meditationsplatz, ihn lieben seine beiden Enkelinnen besonders.

Oben Die Beete in der Gärtnerei sind in konzentrischen Kreisen angelegt.
Linke Seite Die Caféterrasse am alten Bauernhaus

Für alles ist ein Kraut gewachsen

Die großen Kräuterwiesen sind nicht nur für Auge und Nase der Gäste ein Genuss, sie haben für Tilman Schlosser und seine Mitarbeiter und Mitarbeiterinnen praktischen Nutzen, denn sie werden geerntet und verarbeitet.

»Eigentlich haben wir über die Jahre fünf verschiedene Betriebe aufgebaut: die Gärtnerei, die Teestube, den Hofladen, den Seminarbetrieb und die Landwirtschaft mit der Kräuterernte.« Das Heiligtum des Hofes liegt unter dem Dach, dort, wo die Kräuter getrocknet und verpackt werden. Wenn es zu kühl ist, wird eine Heizung dazugeschaltet, damit der Trockenprozess schonend verläuft. Überall auf dem Boden stehen große Papiersäcke duftenden Inhalts.

Eine Etage darunter werden die per Hand geernteten Kräuter geschnitten oder gerebelt und dann im Hofladen verkauft. Da gibt es Teemischungen mit dem schönen Namen »Wenn die Laus über die Leber läuft« aus Mariendistel, Odermenning, Bergminze und Jungfer im Grünen; oder auch »Nerven wie Drahtseile«, gemischt aus den Zutaten blaue Verbene und Zitronenverbene. Die Kräuter werden auch einzeln als Tees angeboten, etwa Brennnessel und Herzgespann, oder zu variantenreichen Kräutersalzen gemischt.

Kräuterduft in der Gärtnerei

Gleich neben dem Hofgebäude gelangt man durch ein vergrautes Holztor in die Bioland-Gärtnerei, in der dreihundert verschiedene Kräuter, Heilpflanzen und Stauden angeboten werden. Die Verkaufsbeete sind in konzentrischen Kreisen angeordnet und durch schmale, von Natursteinen eingefasste Wege unterteilt. »Hier hat einfach die Schönheit der Natursteine den Ausschlag gegeben«, begründet Tilman Schlosser seine Entscheidung. Mit Granit sind die Beete hinter den Gewächshäusern eingefasst, und eine Natursteintrockenmauer stützt das Hanggelände ab. Auf dem ansteigenden Gelände hinter dem Hof hat Tilman Schlosser in den letzten Jahren sechstausend Obst- und Fruchtgehölze angebaut, was er als seinen Beitrag zur Nachhaltigkeit versteht.

Allein fünfzehn verschiedene Beifuß sind im Angebot der Gärtnerei, vom Estragon *(Artemisia dracunculus)* bis zur Kampfer-Edelraute *(Artemisia camphorata)* mit besonders intensivem Duft. Auch die Duftnessel oder Anisdolde *(Agastache)* gibt es in verschiedenen Varianten, ganz zu schweigen von den vielen Minze- oder Salbeiarten beziehungsweise -sorten. Zudem sind Einjährige zu finden, wie Schmuckkörbchen, Kapuzinerkresse und Jungfer im Grünen. In leuchtendem Blau zeigen sich Wegwarte und Borretsch.

Regelmäßig werden Rundgänge und Führungen durch den Kräutergarten angeboten, sowie Seminare zu verschiedenen Themen rund um die Kräuter. Tilman Schlosser empfindet seinen Allgäuer Kräutergarten als einen Ort der Begegnung zwischen Menschen und alten Heilpflanzen. Und wer sich nach einem Rundgang in der Gärtnerei stärken möchte, kann in der Teestube die verschiedenen Tees probieren oder sich mit Kaffee und Kuchen auf der Terrasse niederlassen und den Blick auf den bunten Kräutergarten genießen.

Rechte Seite von links oben im Uhrzeigersinn Borretschblüten in leuchtendem Blau; filigran-zarte vergangene Doldenblüten; Weiderich und Beifuß in Pink und Grau; Regentropfen in der Königskerze

Unten links Vor den ornamentalen Blättern der Pestwurz scheinen hölzerne Hände einen Stein darzubieten.

Unten Ein graues Holztor, der Eingang zur Gärtnerei

Hecken und Labyrinthe

Bioland-Baumschule Aloys Pöhler, Höltinghausen

Wenn man sich der Bioland-Baumschule und Staudengärtnerei von Aloys Pöhler in Höltinghausen bei Cloppenburg nähert, sieht man zunächst das Windrad, in Form geschnittene Gehölze und das grüne Ginkgoblatt, das Firmenlogo. Schmale, exakt geschnittene Rotbuchenhecken direkt am Fuß alter, mächtiger Eichen begrenzen das Baumschulengelände zur Straße hin. Einladende, geschwungene Klinkerpflasterwege führen in den liebevoll gestalteten Verkaufsbereich.

Unten rechts Das Sonnensegel bietet vielen Hortensien Schutz.
Unten Rotbuchenhecke und alte Eichen an der Grenze der Gärtnereien

Rechte Seite Die hängende Form der Hainbuche bildet eine schützende Laube.

Laube

Konsequent und ökologisch

Seit dreißig Jahren beschäftigt sich Aloys Pöhler intensiv mit Gärten und Pflanzen. Schon 1981 begann er auf dem elterlichen Hof erste Windschutzhecken zu pflanzen und die Baumschule aufzubauen. 1983, direkt nach dem Abschluss seiner Ausbildung zum Baumschulgärtner, gründete er den eigenen Betrieb, den er von Anfang an nach ökologischen Kriterien bewirtschaftet. Eine Pflanzenkläranlage reinigt das genutzte Wasser des Wohnhauses, das, auch aus energetischen Gründen, ein großes Anlehngewächshaus erhielt. Das Windrad produziert Strom, auch für die Elektrofahrzeuge, die in der Baumschule verwendet werden. Die Staudenanzucht und die Containerflächen werden energie- und ressourcensparend bewässert. »Ein geschlossener Wasserkreislauf ist bei uns schon lange eine Selbstverständlichkeit«, betont Aloys Pöhler nachdrücklich. »Und da die Kunden immer mehr nach Containerwaren fragen, muss man sich einfach darüber Gedanken machen, wie die Bewässerung sinnvoll geleistet werden kann.« Pöhler produziert eigenen Kompost, verwendet torffreie Substrate mit natürlichen Zusatzstoffen aus Holz oder Kokos. Für die Freilandflächen setzt er schon seit Jahren Laubmulch ein. Gründüngung und mechanische oder manuelle Bearbeitung der Böden, um sie unkrautfrei zu halten, sind Grundlage seiner Arbeit. Synthetische Dünger, Insektizide oder Pestizide kommen natürlich nicht zum Einsatz. »In der Gemüseproduktion ist das ja vielen einsichtig, aber bei Baumschulen oder Staudengärtnereien sind die Kunden manchmal überrascht, weil sie meinen, dass sie diese Pflanzen ja nicht essen wollen.« Für Aloys Pöhler ist das zu kurzsichtig, denn ihm geht es um die Erhaltung des natürlichen Lebensraums, die Reinhaltung von Wasser und Boden. Und er ist sicher, dass diese ökologische Bewirtschaftung auch den Pflanzen guttut, sie stärkt und widerstandsfähig macht.

Von Buchenbögen, Heckenelementen und Baumlauben

Zwischen einer Birke zur Linken und einem Ginkgo zur Rechten gelangt man unter einem großen Blutbuchenbogen in die Verkaufsbereiche. In der Umgebung des Hauses hat Aloys Pöhler Beete mit besonderen Gehölzen gestaltet: Unterpflanzt mit einem Teppich aus niedrigem Buchsbaum finden wir eine säulenförmige Stechpalme, üppiger Blauregen bildet eine Laube, eine als Bonsai geschnittene Kiefer hebt sich in Form und Farbe vor den anderen Gehölzen ab, schließlich blüht eine Rispenhortensie prächtig in Weiß, unterpflanzt mit schattenliebenden Stauden. »Ohne Stauden würde mir einfach etwas fehlen«, sagt Aloys

Pöhler. Er bietet die Stauden auf hohen schmalen Tischen an, so dass man ihnen fast auf Augenhöhe begegnen kann. Mit Kräutern, Sumpf- und Wasserpflanzen hat er über vierhundert Sorten im Verkauf, von denen ihm die Schatten- und Gehölzrandstauden besonders am Herzen liegen.

Extrem schmal geschnittene Buchsbaumhecken rahmen organisch geformte Beete, in denen Gehölze in Töpfen zum Verkauf arrangiert sind. Insgesamt zweitausend verschiedene Sorten an Landschafts- und Obstgehölzen, Kletterpflanzen und Ziersträuchern finden sich im Sortiment der Baumschule Aloys Pöhlers.

Hochstämmige Gartenhibiskus blühen in kräftigem Violettblau, die runden Kronen des Trompetenbaums *(Catalpa bignonioides* 'Nana') erheben sich neben einem Holzpavillon. Und immer wieder finden sich Bänke, um sich in Ruhe niederzulassen. Doch dann ist man schnell wieder versucht, auch die weiteren Bereiche, die oft von Hecken begrenzt sind, zu entdecken und zu durchstreifen. Die Hecken sind in harmonischen Schwüngen gesetzt, ihre Höhe variiert wellenartig. Da finden wir Hecken aus immergrüner Portugiesischer Lorbeerkirsche *(Prunus lusitanica)* – »die ist etwas filigraner als der Kirschlorbeer«, meint Aloys Pöhler begeistert. »Vor zehn Jahren hätte ich nicht gedacht, dass sie unser Klima vertragen würde, aber sie hat selbst den harten Winter 2009/2010 relativ unbeschadet überstanden!« Nicht nur die gängigen Heckenpflanzen wie Eibe, Buche oder Liguster wurden zur Raumbildung verwendet. Auch grün- und rotlaubige Berberitzen sind als Hecken gesetzt, Buchsbaumbänder begleiten sich schlängelnde Wege, Kornelkirschen werden an Spalieren gezogen. In dieser Hinsicht ist Aloys Pöhler sehr experimentierfreudig. Selbst den Kuchenbaum *(Cercidiphyllum japonicum)* hat er neuerdings an einem Spalier gezogen. »Er wird wahrscheinlich kaum blühen, aber die Blattform und -farbe sind hier das Interessante. Er hat im Frühjahr einen wunderschönen bronzefarbenen Austrieb, der dann später vergrünt. Aber das Besondere ist, dass er dann im Sommer eine zweite Wachstumsphase hat und erneut rötlich austreibt. Das ist dann ein schöner Kontrast zu den anderen grünen Blättern.«

Unzählige hohe Torbögen aus Hain-, Rot- und Blutbuchen versammeln sich neben besonderen kleinkronigen Bäumen oder schmalaufrechten Säulen. Spalierlinden überspannen dagegen mit exaktem Schnitt große Flächen. Während architektonische Elemente im Garten häufig aus Holz, Metall oder Stein bestehen, verwendet Aloys Pöhler dafür gern lebende Laubgehölze.

Da ist zum Beispiel der lauschige Sitzplatz unter einer Hänge-Ulme, der Ruhe und Abgeschiedenheit vermittelt. Als Baumlaube eignen sich auch die hängende Form der Hainbuche oder der Japanische Schnurbaum *(Sophora japonica* 'Pendula'), der zwar relativ langsam wächst, mit seinen weißlich-gelben und duftenden Blüten im Spätsommer und seinem gefiederten Laub aber eine Bereicherung ist. Die Bäume werden am Kronenansatz mit einem Gerüst aus Bambusstäben schirmförmig auseinandergespreizt, so dass man schneller in einer Laube sitzen kann. Zunehmend beschäftigt sich Aloys Pöhler auch da-

Oben Grüntöne bestimmen das exakt geschnittene Buchsbaumlabyrinth, …
Linke Seite … das hohe schmale Hecken aus verschiedenen Laub- und Nadelgehölzen umgeben.
Unten Grüne Torbögen über geschwungenen Hecken aus Portugiesischer Lorbeerkirsche

mit, Gehölze zu Dachformen zu schneiden und zu binden; sie bleiben dadurch niedriger und spenden einem Sitzplatz angenehmen Schatten. Anschauungsbeispiele lassen sich in der Gärtnerei viele finden, so ein ausladendes Dach von Platanen. Aber auch die Sumpfeiche *(Quercus palustris)*, die selbst auf mäßig trockenen Böden gedeiht, eignet sich dafür und zeigt im Herbst eine schöne Laubfärbung. Ungewöhnlicher sind da schon die Dächer aus roter Kastanie, Feldahorn, Linde, Hainbuche oder Zierapfel *(Malus* 'Red Sentinel'). Aloys Pöhler formt und schneidet gern, eine Liebhaberei, die auf die Wünsche seiner Kunden abgestimmt ist. Viele Gärten sind heute recht klein, und in der Baumschule Pöhler gibt es eine große Vielfalt an Gehölzen, die sich auch für diese kleineren Gärten eignen und sie mit Blüten-, Blatt- und Wuchsformen, mit Beerenschmuck und Herbstfärbung bereichern.

Labyrinthe

Durch einen Torbogen aus Rotbuche gelangt man in einen ruhigen Gartenbereich, den fast ausschließlich Grüntöne bestimmen. Eine große Rasenfläche ist umgeben von mehr als 2 Meter hohen Hecken aus Feldahorn, Lärche, Eibe, Rotdorn oder Hainbuche. Eine weiß blühende Tellerhortensie hebt sich vor dem Grün der schmalen Hecke ab, und unter dem Laubdach einer alten Eiche liegt ein Buchsbaumlabyrinth.

Viele verschiedene Sorten wie *Buxus microphylla* 'Faulkner', *Buxus sempervirens* 'Blauer Heinz', 'Handsworthiensis', 'Sibirica' oder 'Herrenhausen' sind hier gepflanzt, und bei genauerem Hinsehen entdeckt man auch die kleinen Unterschiede in Blattgröße oder Blattfarbe. Die Sonne zaubert Schatten auf die niedrigen Hecken und lässt so die Struktur des Labyrinths deutlicher werden. Gern verweilt man hier länger unter dem Eindruck der verschiedenen Grüntöne des Buchsbaums und der umgebenden Hecke. Doch ein Durchgang in der Hecke lockt in die anderen Bereiche.

Auf grünen Ginkgoblättern steht geschrieben: Wildobstlabyrinth und Spielwiese. Vorbei an einem idyllischen Sitzplatz, der im Schutz einer Hecke in Muschelform die Abendsonne einfängt, schaut man auf ein Gelände, das teilweise als Spielwiese mit Kletterbaum, Baumhaus und Turngeräten in Kopfweiden genutzt wird. Ein großes grünes Tipi aus Hainbuchen hat Aloys Pöhler hier für seinen Sohn gepflanzt. Auch Kletterbäume zieht der Gärtner jetzt häufiger und verwendet dafür oft Hainbuchen, deren Äste nach und nach wie eine Wendeltreppe geschnitten werden.

Ein großes Eingangstor aus Kornelkirsche führt in das 2004 angelegte Wildobstlabyrinth. Mehr als siebzig verschiedene Gehölze, deren Obst roh oder nach Verarbeitung essbar ist, sind an Metallspalieren gepflanzt. Zwischen Sauerkirschen, Mispeln, Apfelbeere *(Aronia melanocarpa)*, Berberitzen, Maulbeere, Himbeeren, Felsenbirne, Quitten, Pimpernuss und Holunder schlendert man mit dem Gefühl, dass einem die Früchte fast in den Mund wachsen. Geradezu köstlich ist das Obst der Kornelkirsche 'Jolico'. Die Früchte der Zieräpfel, die Aloys Pöhler lieber Kirschäpfel nennt, sind ein besonderer Herbstschmuck, für die Vogelwelt bedeutend und auch für den Menschen essbar. Im Zentrum des Labyrinths befindet sich eine dichte Laube aus der Kleinen Kiwi *(Actinidia arguta)*, deren Früchte im Herbst reifen. Auf dem Weg zurück entdeckt man neben Stachelbeeren und Heidelbeeren auch besondere Züchtungen der Blutpflaumen mit den Sorten 'Trailblazer' oder 'Hollywood', deren Früchte sehr schmackhaft sind. Ganz exotisch wird es dann mit den Nashi-Birnen *(Pyrus pyrifolia)*, die in Form und Geschmack eine Mischung von Apfel und Birne sind, oder mit der Indianerbanane *(Asimina triloba)* mit großen magnolienartigen Blättern und einem Fruchtgeschmack, der an Mango und Bananen denken lässt. Und wenn man dann auf die Etiketten schaut, erlebt man eine weitere Überraschung: die botanischen Namen finden sich auch in Plattdeutsch.

Immer neue Ideen

Angefangen hat Aloys Pöhler mit einer Fläche von ungefähr 4000 Quadratmetern, aus der in den letzten Jahrzehnten fast 10 Hektar geworden sind; er hat heute zehn bis zwölf Mitarbeiter. Die Ausweitung war nicht so geplant und soll auch wieder etwas zurückgenommen werden. Verabschieden möchte er sich von einigen Standardpflanzen oder großen Solitärbäumen, die er kaum noch verkaufen kann. Dafür wird es mehr Raritäten geben, etwa besondere Hartriegel- oder Ahorn-

arten. Und das Wildobstlabyrinth war eigentlich erst der Anfang eines Zehnjahresplans; es war der Beginn eines großen ökologischen und botanischen Gartens, den Aloys Pöhler auf seinem Grundstück anlegen möchte. In jedem Jahr sollen neue Pflanzungen hinzukommen. Neue, geschwungene Hecken sollen angelegt werden, unterpflanzt mit Stauden für Schatten und Halbschatten. 2011 wird er damit beginnen, die Flächen noch vielseitiger und parkähnlicher zu gestalten; große Bäume sollen für eine Raumbildung in der Höhe sorgen, und dabei denkt er auch an Tanz-Eichen.

Oben Pflasterungen in organischen Mustern und Formgehölze führen in den Verkaufsbereich, wo ...

Linke Seite links ... die Stauden nicht fehlen dürfen, hier Sonnenhut, Kerzenknöterich und Fetthenne, und ...

Linke Seite rechts ... schmale Buchsbaumhecken in geschwungenen Formen die Topfquartiere umgeben.

Unten links Im Schutz der Hecke lässt sich die Abendsonne genießen.

Unten Auch die Pimpernuss gedeiht im Wildobstlabyrinth.

Hinter hohen Hecken

Staudengärtnerei Sylvia Göbel, Schönfeld-Mühle

Im kleinen Ort Schönfeld-Mühle hat Sylvia Göbel, die in Halle Pflanzenzucht studiert hatte, 1994 ihre Staudengärtnerei eingerichtet. Die Nähe zu Schwerin mit seinem kulturellen Leben war ausschlaggebend für den Kauf des Grundstücks, gelegen am wohl höchsten Punkt des kleinen Ortes im Nordwesten Mecklenburg-Vorpommerns. Von außerhalb erahnt man kaum, welche Vielfalt einem in der Gärtnerei begegnet. Im Hof, zwischen Kletterpflanzen zur Linken und einem kleinen Wirtschaftsgebäude zur Rechten, fällt der Blick auf ein dreigiebliges Glashaus. Darin überwintert Sylvia Göbel einige empfindliche Pflanzen, betreibt die Anzucht der Stauden und hält Workshops ab zu verschiedenen Themen der Beetgestaltung. Die Theorie wird dann anschaulich ergänzt durch die themenbezogenen Schaupflanzungen in der Gärtnerei.

Links Breite Rasenwege gliedern Gärtnerei und Schaubeete, Gewächshaus und Esche bilden den Abschluss.
Rechte Seite Das üppige Mutterpflanzenbeet mit Phlox, Gräsern, Silberkerze und der Sonnenbraut 'Rauchtopas'

Garten und Gärtnerei zugleich

Eine große Esche ist das markante Gegenüber des Glashauses. Breite Rasenwege führen durch das Gelände, das von hohen Hainbuchenhecken eingefasst ist. Hinter der Hecke erhebt sich das Wohnhaus der Familie Göbel, mit rotem Ziegeldach und einer halbrunden Gaube. Das gesamte Gelände ist so gestaltet, dass der Übergang zwischen Gärtnerei und Garten fließend ist. Überall stehen Bänke, Stühle und Tische, die jeweils eine besondere Stimmung, ein eigenes Gartenbild hervorbringen.

Zur Rechten hat Sylvia Göbel ihr umfangreiches Mutterpflanzenbeet angelegt. Die Sonnenbraut *(Helenium*-Hybride 'Rauchtopas'*)* blüht bernsteingelb, ihre Blütenblätter sind leicht gewellt, so dass die rotbraune Unterseite sichtbar ist und der Blüte Lebendigkeit verleiht; das hohe Chinaschilf *(Miscanthus sinensis)* ist ein gleichberechtigter Partner für die kräftige, aufrechte Sonnenbraut. Vor der dunklen Hecke erheben sich die hohen, weißen Blüten der Silberkerze, und Phlox, Weidenblättrige Sonnenblumen *(Helianthus salicifolius)*, Storchschnabel und Pfingstrosen, von denen fünfzehn verschiedene Arten und Sorten angeboten werden, runden das Bild harmonisch ab. Ein kleines, lehmverputztes Fachwerkhäuschen steht am Ende der Rabatte. »Dort sind meine Gartenwerkzeuge untergebracht. Es liegt so zentral, damit ich alle Bereiche schnell erreichen kann«, erklärt Sylvia Göbel.

Neue Stauden müssen sich bewähren

An der Hecke vor dem Wohnhaus hat Sylvia Göbel ein mit Buchsbaum eingefasstes Beet für typische Bauerngartenstauden angelegt, für Fetthenne, Rittersporn oder verschiedenen Phloxsorten. Einmal im Jahr nimmt sie sich eine Woche Zeit, um sich mit einer befreundeten Staudengärtnerin andere Gärtnereien anzuschauen. »Man lernt dabei so viel, sieht Stauden in neuen Kombinationen und unter anderen Bedingungen als im eigenen Garten und kann sein eigenes Sortiment erweitern.«

Viele neue Sorten hat sie in der Staudengärtnerei Gaissmayer erstanden, etwa den weiß blühenden, großblättrigen *Phlox amplifolia* 'David', von dem sie begeistert ist. »Das ist ein sehr guter Phlox: er wächst kräftig und ist wenig anfällig für Krankheiten.« Die neuen Stauden pflanzt sie zuerst in das Mutterpflanzenquartier hinter der Gärtnerei, wo sie auch Platz für eigenen Kompost und abgelagerten Pferdemist hat. Dann werden die Stauden genau beobachtet, wie sie sich entwickeln, wann sie austreiben, wie stark der Zuwachs ist. Wenn sich die neuen Schätze bewährt haben, finden sie ihren rechten Platz im Garten, werden vermehrt und in das Sortiment aufgenommen. Ungefähr tausend verschiedene Stauden hat Sylvia Göbel im Angebot, darunter auch über vierzig verschiedene Taglilien in unterschiedlichen Höhen und Blütenfarben.

Oben Inmitten der prächtigen Staudenbeete finden sich immer wieder kleine Sitzplätze.

Linke Seite Licht und leicht wirkende Gräser im Steppenbeet mit Prachtkerze und Katzenminze

Vom Frühling bis zum Herbst

Die Schaubeete von Sylvia Göbel berücksichtigen viele Aspekte einer gelungenen Bepflanzung. Da ist das Frühlingsbeet, das eine frische und doch ruhige Ausstrahlung hat. Zwiebeln wie Tulpen und Narzissen, viele in der Wildform, hat sie kombiniert mit früh blühenden Stauden wie die Primeln *(Primula vulgaris)* und blauen Anemonen *(Anemone blanda)*.

Im Steppenbeet finden wir *Sedum*-Arten, Wolfsmilch, Wildformen vom Sonnenhut, die Prachtkerze *(Gaura lindheimeri)*, die, wie auch die Katzenminze, über viele Wochen bis zum Spätsommer blüht. Unterschiedliche Federgräser *(Stipa)* verleihen mit ihren feinen Halmen und fedrigen Grannen diesem Beet vor allem im Herbst etwas sehr Zartes. Das filigrane Mädchen- oder Engelshaargras *(Nasella tenuissima)* bewegt sich schon beim leisesten Lufthauch. Hinzunehmen wird Sylvia Göbel noch die Steppeniris *(Iris spuria)*, die aber noch etwas Zeit braucht, um ihre Pracht zu entwickeln. »Von den Iris habe ich nicht so viel, aber die Steppeniris gefällt mir besonders gut, sie hat schönes Laub, relativ kleine Blüten und ist kaum krankheitsanfällig.« Sie beobachtet die Entwicklung ihrer Beete sehr genau. »Wenn die Proportionen nicht mehr stimmen, dann muss ich eingreifen. Die Pflanzen entwickeln sich ja recht unterschiedlich. Die Dreiblattspiere *(Gillenia trifoliata)* braucht etwas länger, während es bei der Prachtspiere schneller geht, und die übernehmen dann die Plätze. Der creme-weiße Lerchensporn dagegen verzieht sich gern, wenn es ihm zu eng wird«, erzählt Sylvia Göbel von ihren Erfahrungen.

Riesenstauden und Schattenpartien

Eng kann es auch im Riesenstaudenbeet werden; dort sind Solitärstauden kombiniert, die eine beeindruckende Höhe erreichen und sich in ihrer Wüchsigkeit gegenseitig in Schach halten. Die erst Ende September blühende Goldrute *(Solidago sempervirens* 'Goldene Welle'*)*, heimisch an den Küsten Nordamerikas, und der mächtige weiße Wasserdost mit einer Höhe von mehr als 2 Metern fühlen sich offensichtlich auch auf dem relativ leichten Boden im Garten von Sylvia Göbel wohl.

Die violetten Blüten der *Aster laevis* 'Calliope' leuchten im Herbst bezaubernd; die Pflanze ist ein wertvoller Spätblüher, gut verzweigt und standfest, ohne kahle Füße zu bekommen. Die rosa Herbstanemone 'Serenade' bringt etwas Elegantes ins Spiel, während das Schaublatt durch Blattform und rote Blüte besticht. Mit diesem üppigen Riesenstaudenbeet ist Sylvia Göbel ein anschauliches Beispiel gelungen, das Mut macht, sich auch einmal an wüchsige Solitärstauden zu wagen.

Schattige Bereiche kommen ebenfalls nicht zu kurz. Unter einer Pergola aus entrindetem Robinienholz, beschattet von einer *Clematis tangutica* und einer starkwüchsigen *Clematis montana* 'Wilsonii', hat Sylvia Göbel viele Funkien versammelt und im sonnenabgewandten Bereich am kleinen Stallgebäude Gehölze und Stauden kombiniert. Zu ihren Lieblingen gehören neben Gräsern und Euphorbien auch Hortensien: Eine prächtige Samthortensie schmiegt sich an die Mauer, die Eichenblättrige Hortensie *(Hydrangea quercifolia)* zeigt nach den weißen Blütenrispen eine schöne Herbstfärbung in Rottönen.

Die Ideen für neue Pflanzungen gehen Sylvia Göbel nicht aus. Ein Beet mit zartgelben Blüten hat sie in Gedanken schon vor einer dunklen Eibenhecke geplant, denn das satte Gelb gefällt ihr als Blütenfarbe nicht so gut. Ein anderes Beet, das mit der Kombination von Stauden und Gräsern an den Stil Piet Oudolfs angelehnt ist, zeichnet sich dadurch aus, dass es pflegeleicht und lange, bis in den Herbst hinein, attraktiv ist. Gegenüber ist eine weitere Pflanzung vorbereitet, in der die Blütenfarben Rosa bis Rot überwiegen werden, mit Indianernessel, Kerzenknöterich und Spornblumen. »Dazu kommen dann auch wieder Gräser, denn ich finde, die neutralisieren die Pflanzungen und die Farben und bringen Stabilität und Ruhe.«

»Die Anfänge waren schon hart«, sagt Sylvia Göbel rückblickend. Als zweifache Mutter und eingebunden in den Bau des eigenen Hauses, hat sie es gewagt, sich selbständig zu machen. Sie wollte in und mit der Natur arbeiten, ihre Kreativität ausleben. Und dass es ihr gelungen ist, zeigen Garten und Gärtnerei nachdrücklich.

Jedes Jahr zu Pfingsten öffnet Sylvia Göbel ihren Garten im Rahmen von »Kunst offen«, wenn Kunst und Kunsthandwerk im vielgestaltigen Garten ausgestellt werden. Und sie beteiligt sich an der »Offenen Gartenpforte in Mecklenburg-Vorpommern«. Ihre Gärtnerei hat sie jetzt nur noch von Donnerstag bis Samstag geöffnet, denn zunehmend ist sie auch als Planerin tätig. Mit mehr als fünfzehn Jahren Erfahrung hat sie viele Bilder im Kopf, wenn sie sich an einen Gartenentwurf macht. »Wenn ich in einen Garten komme, dann rattert es richtig in meinem Kopf. Ich habe schnell eine Vorstellung, wie es sich in den verschiedenen Jahreszeiten entwickeln könnte. Und doch ist jeder Garten und jedes Beet wieder eine neue Herausforderung.«

Oben Orangefarbene Montbretien und violette Anisdolde vor schmeichelndem Gras

Oben rechts Unter der Esche laden Tisch und Stühle zum Verweilen ein.

Rechts Kleine Arrangements mit Lerchensporn und Buchsbaum vor dem Glashaus

Linke Seite links Rote Mohnkapseln aus Keramik setzen Farbakzente.

Linke Seite Mitte Die Robinienholz-Pergola verschwindet fast hinter hohen Staudenbeeten.

Linke Seite rechts Wirkungsvolle Laubformen von Maiapfel, Farn, Eisenhut und Eichenblättriger Hortensie im schattigen Bereich

Ein Fest für die Rosen

Baumschule Reichenbach, Hausen am Albis, Schweiz

Alljährlich im Juni lockt das Rosenfest der Baumschule Reichenbach, Ostschweiz, unzählige Besucher und Besucherinnen an. Heute sind es mehr als zweihundert Rosen, die in der Baumschule vermehrt und nach naturnahen Prinzipien kultiviert werden. Seit 1958 ist die Baumschule in Hausen am Albis in Familienbesitz, auf einer Fläche von derzeit 14 Hektar. Entlang der kleinen Straße sind Stauden und Gehölze auf einem schmalen, terrassierten Bereich zum Verkauf arrangiert. Kleine Mauern und Treppen gliedern den Bereich und bewirken den Eindruck eines kleinen Gartens, in den Bäume wie Birke, Weide und Amberbaum integriert sind. Rosen, Berberitzen, Hortensien, Gräser, Farne und Stauden sind geschickt zusammengestellt und zeigen das breite Angebot der Gärtnerei Reichenbach.

Unten rechts Über Rosen hinweg schaut man in die weitläufigen Pflanzenquartiere.
Unten Rosen, Lavendel und Gartenaccessoires im Hof zwischen Wohnhaus und Scheune

Rechte Seite Romantische Rosenlaube und Bank zugleich

Besondere Gehölze und Accessoires

Auf der schmalen Hoffläche, zwischen einer alten, holzverkleideten Scheune und dem großen, imposanten Wohnhaus leuchten die roten Blätter der verschiedenen Ahornarten, die die Baumschule im Sortiment hat. Eine große Felsenbirne in einem viereckigen Holzgefäß, die schon Früchte angesetzt hat, wirft leichten Schatten auf halbhohe Stelltische mit unzähligen Rosen und Lavendel in Töpfen; Rosenbögen, Kletterpflanzen und Buchsbaumkegel ergänzen das Bild. Große Alleebäume oder kleinkronige Laubbäume sind ebenso im Sortiment wie Kletter- oder Heckenpflanzen, Obstgehölze und Beerensträucher.

Unter einem kleinen Vordach ist Platz für Gartenstuhl, Tisch und verschiedene Pflanzgefäße. Funkien in Töpfen, schmückende Gartenaccessoires und allerlei Produkte rund um die Rose sind ausgestellt. Im stilvollen Rosenlädeli mit englischem Flair darf selbst das Rosengeschirr nicht fehlen.

Der Übergang von der Gärtnerei zu den Gärten um das Haus ist fließend gestaltet. Große Buchsbaumkugeln betonen ein schmales Rosenbeet am Haus. Im Mai hängen die ersten Blütenkerzen der weißen Glyzine als zarte Girlande über der Eingangstreppe zum Wohnhaus. Zwischen Wohnhaus und Scheune öffnet sich die Hofanlage, und man schaut auf eine Obstbaumwiese an einem leichten Hang. Hier lässt sich von der einen oder anderen Bank der Blick in die sanft hügelige Landschaft genießen, bei klarem Wetter zeigt sich sogar das Alpenpanorama.

Seit mehr als fünfzig Jahren gilt die Leidenschaft der Familie Reichenbach den Pflanzen und ihrer naturnahen Vermehrung, Anzucht und Kultivierung; damit einher geht eine schonende Art der Bodenbearbeitung.

Rosenpracht

Ab Mitte Mai bietet sich das Schauspiel der Rosenblüte. Der kleine Schaugarten der Baumschule Reichenbach liegt an der weiß gestrichenen Giebelseite des Hauses mit seinen dunkelgrünen Fensterläden und dem freien Blick in die Landschaft. Am Zaun ranken weiße und blaue Clematis, die grün-gelben Blüten des Frauenmantels lehnen sich an sie, blauer Rittersporn erhebt sich über geschnittenem Buchsbaum. Doch es sind vor allem die Rosen, die vom Frühsommer bis Mitte September den Zauber des Garten ausmachen. Da blüht die dunkelrote Rose 'Santana' an einem verzierten Metallbogen, und eine weiße Hochstammrose betont das zentrale Buchsbaumkarree mit kreisrunder Mitte. Andere Hochstammrosen umstehen ein formal ähnliches kleines Olivenbäumchen. Großzügig sind Polyantha-, Beet- oder Strauchrosen in üppiger Farbenvielfalt gepflanzt, den klimatischen Bedingungen angepasst. Doch haben auch harmonische Staudenpflanzungen im Schaugarten ihren Platz gefunden. Im schmalen, von Buchsbaum eingefassten Beet an der Hauswand hat die Yucca schon ihre Blütenkerzen herausgeschoben, begleitet von violettblauem Lavendel. Die eher klassischen Formen des Rosengartens im Zentrum werden ergänzt um überraschend romantische Arrangements. Mal gedeiht eine Strauchrose frei am Zaun, oder am Rand steht eine weiße Metallbank unter einer verschwiegenen Laube, eingerahmt von der duftenden, mehrmals blühenden Rose 'Abraham d'Arby'. Die Baumschule Reichenbach befasst sich seit mehr als fünfzig Jahren auch mit der Vermehrung von Rosen, und im Schaugarten lassen sich die Rosen genau beobachten, um herauszufinden, welche Sorten sich für das Klima als robust und besonders geeignet erweisen.

Um den Garten herum führt ein Rasenweg, begleitet von einer Reihe großer, frei wachsender Strauchrosen. Von hier aus ist es nur noch ein kleiner Sprung in die verschiedenen Baumschulquartiere, die sich um die Hofanlage verteilen. Da kann man durch ganze Rosenfelder in Weiß, Gelb, Hellrosa oder Rosarot schlendern und im Duft schwelgen. Das Sortiment aus der eigenen Produktion der Baumschule reicht von englischen Rosen über Edelrosen bis zu Wildrosen, Strauch-, Bodendecker- und Kletterrosen nicht zu vergessen. Und seit 2002 lockt die Baumschule im Juni eines jeden Jahres mit dem bekannten und beliebten Rosenfest. Ein ganzes Wochenende ist dafür reserviert. Fahrten mit Pferd und Planwagen über das Gelände geben einen Überblick über die kultivierten Pflanzen. Auf dem ganzen Hofgelände sind Klet-

ter- und Ramblerrosen an Rosenbögen und Obelisken arrangiert, und natürlich anmutende Strauchrosen ergänzen in Form geschnittene Hochstammrosen. Liebevoll arrangierte Gestecke aus Rosen und Stauden schmücken so manchen Gartentisch, Blütenblätter füllen große Schalen. Mal lockt gar ein Meer aus Rosenblüten in einem alten Metallbett. Rosenduft liegt in der Luft, und Kulinarisches rund um die Rosen macht das Fest für alle zu einem besonderen Erlebnis.

Oben Der intensive Duft der Rose 'Abraham Darby' umhüllt die weiße Gartenbank.
Rechts Blütengirlande aus weißer Glyzine vor dem Wohnhaus
Linke Seite links Rosen, Frauenmantel und Clematis am Zaun vergrößern den Rosengarten.
Linke Seite rechts Der Rosengarten am Haus mit Buchsbaumbeeten, Hochstämmen und der roten Rose 'Santana' am Bogen

Wogendes Gräsermeer

Baumschule und Staudenkulturen Friedrich Camehl, Betzhorn

Wenn man die Gärtnerei von Friedrich Camehl in der Nähe von Gifhorn wieder verlässt, hat man das Gefühl, ein großes Grundstück muss her, um Gräser pflanzen zu können. Nicht hier und da ein einzelnes, sondern so viele wie möglich in langen Reihen, in großen Feldern oder geschwungenen Drifts. Im Spätsommer gibt es in der Gärtnerei von Friedrich Camehl ein großzügiges Wogen in Grün, Grüngelb, Silber, Blau, Ocker, Rotbraun, und auch die hohen, im Schwung geschnittenen Hecken lassen an die Bewegung von Wellen denken.

Unten rechts Sonnenhüte leuchten vor den feinen Ähren und Halmen des Lampenputzergrases.
Unten Großzügigkeit und Weite: lange Reihen von Chinaschilf, Reitgras und Rutenhirse

Rechte Seite Stauden setzen kräftige Farbakzente in den feinen Nuancen der Gräser.

Der Weg zu den Gräsern

Die Faszination der Gräser hat ihn schon früh gepackt: »Der erste botanische Name, den ich in der Ausbildung gelernt habe, war: *Bouteloua oligostachya,* Moskitogras mit den waagerecht abstehenden, braunen Ähren«, erzählt Friedrich Camehl schmunzelnd. Schon damals beschäftigte er sich intensiv mit Gräsern, musste er doch ein Herbarium mit sechzig verschiedenen Wildgräsern anlegen. Nach einer Lehre als Staudengärtner war ihm früh klar, dass er in die Gartengestaltung gehen wollte, und er machte seinen Meister in Veitshöchheim im Bereich Garten- und Landschaftsbau.

Es zog ihn zunächst beruflich nach Süddeutschland, und er dachte sogar daran, mit seiner Familie nach Kanada auszuwandern. Doch dann überließ ihm sein Vater Land auf dem elterlichen Hof, und heute finden sich auf einer Fläche von 2 Hektar mehr als zweihundert verschiedene Gräser wie Chinaschilf, Lampenputzergras, Rutenhirse, etliche Gehölze und Stauden, darunter ungefähr achtzig verschiedene Funkien. Das Besondere an der Gärtnerei von Friedrich Camehl ist, dass er Freilandkultur betreibt. Die Pflanzen stehen in langen Reihen oder rechteckigen Feldern direkt im Boden und haben sich oft zu beeindruckender Höhe entwickelt.

Die Riesen

Einige Chinaschilfarten sind als Solitäre aufgepflanzt; Friedrich Camehl weist darauf hin, dass manch ein Exemplar allein 6 Quadratmeter Fläche für sich braucht, wie die 'Bogenlampe', die er wegen der überhängenden Blütenrispen so getauft hat. Es ist ein imposantes Exemplar, das standfest ist und dessen seitlich angeordnete Blüten sich nach dem Regen wieder aufstellen. Interessant ist das starke Wachstum verschiedener Chinaschilfe für ihn auch im Hinblick auf nachwachsende Rohstoffe, die ebenso wie einige Großstauden derart genutzt werden könnten. »Da gibt es zum Beispiel die Klafterlange Sonnenblume *(Helianthus orgyalis)*. Sie ist vollstängelig und kann eine Höhe von mehreren Metern erreichen«, sagt Friedrich Camehl engagiert. Bei ihm hat sie es innerhalb von einem Jahr vom kleinen Topf zur beeindruckenden Größe von 2,5 Metern gebracht.

Im Sommer und frühen Herbst ist Friedrich Camehl oft unterwegs, um neue Gräser zu sammeln und Kontakte zu anderen Gräser-Spezialisten zu pflegen. So hat er 1995 zum Beispiel auf einem Acker in Veitshöchheim eine neue Pflanze entdeckt. »Das ist ein Chinaschilf, da sind die Arten *giganteus* und *sacchariflorus* drin. Es ist eine Pflanze, die schnell wächst, aber nicht wuchert. Und die Mutterpflanze hat es nicht

übel genommen, dass man mehr als hundert Teilstücke abgenommen hat.« Unzählige Arten und Sorten des Chinaschilfs finden sich in der Gärtnerei. Da sind die schmalblättrigen Sorten, die gelb-grün gestreiften oder die früh blühenden Arten wie der elegante *Miscanthus sinensis* 'Verneigung'. Die Sorte 'Malepartus', die über 2 Meter hoch werden kann, besticht durch die späten, über den Halmen stehenden, intensiv braunroten Blüten.

Gräservielfalt für den Garten

Doch Friedrich Camehl ist nicht nur von den Riesen unter den Gräsern begeistert. Da er auch heute noch hauptsächlich als Landschaftsgärtner tätig ist, greift er auch auf mittlere und niedrige Gräser zurück, und er kann bei der Gestaltung seiner Gärten aus dem Vollen schöpfen. Die kräftigen Stauden und Gräser aus der Freilandkultur werden in großen Exemplaren ausgegraben, im Garten geteilt und dann je nach Gartenkonzept arrangiert. Allerdings hat er natürlich bestimmte Ansprüche, besondere Farben, Blüten und Standfestigkeit sind wichtige Kriterien.

Viele Gräser sind für den Gärtner im Hinblick auf die Vermehrung durch Teilung recht unempfindlich. Ein Lampenputzergras mit braunroten Blütenwalzen *(Pennisetum alopecuroides* var. *viridescens)* wird um Juli vermehrt. Friedrich Camehl nimmt die Pflanzen auf, kürzt die grünen Halme und teilt die Pflanze mehrmals. »Dann muss man sie einfach nur noch einmal angießen, und sie wachsen problemlos an.«

Einen Namen gemacht hat sich Friedrich Camehl auch durch besondere Züchtungen. Für die Rutenhirse *Panicum virgatum* 'Heiliger Hain' erhielt er 2002 eine Auszeichnung von der Internationalen Staudenunion und 2007 eine Goldmedaille als Lieferant für die Bundesgartenschau in Gera und Ronneburg. Diese Rutenhirse zeichnet sich durch gute Standfestigkeit und eine schöne Lilafärbung in den Halmen aus, die kräftiger wird, wenn das Gras auf magerem Boden steht. Gefunden hat er sie in einem Bestand der Sorte 'Heavy Metal'. »Die Rutenhirsen versamen sich nicht so stark, aber wenn ich dann einen Sämling entdecke, dann wird er gleich verhaftet und in einen Topf gepflanzt. Dann muss man einfach genau beobachten, was für eine Pflanze sich daraus entwickelt. Und mit etwas Glück ist eine neue Sorte entstanden.« Die Vielfalt an Gräsern in der jeden Samstag geöffneten Gärtnerei Friedrich Camehls umfasst neben Pfeifengras, Reitgras, Seggen, Liebesgras, japanischem Berggras oder Federborstengras auch besondere Pflanzen mit interessantem grün-blauem Laub, darunter die Rutenhirsen 'Northwind', 'Prairie Sky' oder 'Cloud Nine'. Ein interessanter Ersatz für den wuchernden Strandhafer wäre das Magellan-Blaugras *(Elymus magellanicus = Agropyron magellanicus)* mit stahlblauer Farbe, das aufrecht wächst und mit Stauden in überaus beeindruckender Weise kombiniert werden kann. Ungewöhnlich ist das Goldbartgras *(Sorghastrum nutans* 'Blue Sioux'), aus dessen rötlichen Blüten gelbe Staubgefäße herausschauen, was ihm zu seinem schönen Namen verhalf.

Die vielen Gräserreihen und -felder werden in der Staudengärtnerei von Friedrich Camehl immer wieder mal unterbrochen von großen Staudenflächen mit beispielsweise Sonnenhut, Taglilie und Schafgarbe in Gelbtönen oder mit Dost und hohem Staudenphlox in Rosa und Violett. Trotz der geraden Beetformen scheint alles ständig in Bewegung, es ist ein weiches Fließen und Rascheln, und man vergisst die Zeit im Gräsermeer.

Oben links Höhepunkt im Spätsommer und Herbst: die braunrosa Blüten von Chinaschilf und Rutenhirse

Oben rechts Die Wellenform der geschnittenen Hecke nimmt das Wogen der Gräser auf.

Linke Seite links Zu imposanter Größe entwickelt sich das Chinaschilf 'Bogenlampe'

Linke Seite rechts Blütenwolken von *Miscanthus sinensis* 'Flamingo' in silbrigem Rosa über dem gelb gestreiften Chinaschilf

Wasserplätschern und Bambusrauschen

Die Gärtnerei, Frankfurt

Wenn man das Verkehrsbrausen auf der Eschersheimer Landstraße in Frankfurt hinter sich gelassen hat und in das ruhige Dichterviertel gelangt, mag man in der Chamissostraße seinen Augen kaum trauen. Zwischen Reihenhäusern scheint sich ein kleiner Park zu verstecken, man tritt in eine andere Welt: in Der Gärtnerei von Gabriele Hehl und Eckhard Dürre. Der Stadtlärm ist schnell vergessen, man vernimmt das Knirschen des hellen Kieses unter den Füßen.

Unten rechts Ein Brunnen, umgeben von Bambushalmen und Japanischem Ahorn
Unten Die Steinkugel schwebt gleichsam auf der Fontäne im achteckigen Brunnen.

Rechte Seite Üppige Pflanzenarrangements und kunstvolles Pflastermosaik sorgen für die Atmosphäre in der Gärtnerei.

Vom Brachland zum Gartenidyll

Lange hatten Gabriele Hehl und ihr Mann nach einem geeigneten, stadtnahen Gelände gesucht, um eine eigene Gärtnerei aufzubauen. 1995 stießen sie auf ein ungenutztes, verwildertes Grundstück mitten in der Stadt. Die beiden konnten die städtische Fläche pachten, die zunächst für eine öffentliche Grünfläche gedacht war.

Was sie in anderthalb Jahrzehnten aus dem Grundstück gemacht haben, ist beeindruckend. Eine Maxime galt für sie von Anfang an: »Die Ästhetik lag uns am Herzen. Es sollte vor allem schön werden – eine Gärtnerei für alle Sinne«, erläutert Eckhard Dürre. Und so zeigen sie ihren Kundinnen und Kunden neben einem vielfältigen Pflanzenangebot auch, was man aus einem Garten machen kann.

Der breite Kiesweg wird begleitet von meterhohem Bambus, dessen Halme sich im Wind bewegen, der die Blätter rascheln lässt. Der Duft von Rosen, Lavendel und Flieder liegt in der Luft, das leise Plätschern von Wasser ist fast überall zu hören. Unzählige Töpfe entlang dem Weg mit blühenden Hortensien und Oleander, Fingerhut und Lupinen, Levkojen und Perlkörbchen sorgen für Farbigkeit und Lebendigkeit. Den eingewachsenen, grünen Rahmen der Gärtnerei bilden Bambus, Linden, Efeu, Walnuss in den Randbereichen sowie die Kronen von Ahorn und Birken, die auf dem Nachbargelände stehen. So bleibt die Stadt draußen, die üppige, romantische Gartenwelt gewinnt die Oberhand.

Geschick und Können

Kunst- und Handelsgärtnerei nennen Gabriele Hehl und Eckhard Dürre ihr Geschäft, in dem es Anregungen in Hülle und Fülle gibt. In der 2500 Quadratmeter umfassenden Gärtnerei sind die geschickten Hände und die vielseitigen Ideen der beiden Gartengestalter zu erkennen. Das Gelände ist nicht auf einen Blick überschaubar; Rankhilfen, Pergolen, Pavillons und verzierte Metallzäune schaffen zur Linken kleine Gartenräume. In einem achteckigen Klinker-Brunnen scheint eine große Kugel zu schwimmen, aus der Wasser sprudelt. Buchsbaumkugeln umgeben den Brunnen und betonen die Form. Auch wenn viele Pflanzen in Töpfen stehen, so wirken sie doch wie eingewachsen, etwa die roten Rosen an einem Metallbogen oder die weißen, die einem Pavillon ein grünes Dach geben. Auf kleinen Tischen, Stühlen, Bän-

ken, verzierten Säulen oder Sandsteinpodesten sind die Pflanzen in verschiedenen Etagen arrangiert. Hinter Rosenbögen verstecken sich Tische für den Staudenverkauf, mit blühendem Storchschnabel und Isländischem Mohn. Etliche der Stauden im Sortiment werden von Gabriele Hehl und Eckhard Dürre auch weiter vermehrt.

Wege und Plätze

Auf kunstvoll mit Naturstein gepflasterten Wegen können die kleinen Gartenräume erkundet werden. Beispielhaft wird gezeigt, wie viele Varianten es gibt, Natursteine zu verlegen, sei es als Wild- oder Reihenpflaster, in der Passe verlegt, in geometrischen Mustern oder im Fischgrätmuster. Die Platten, Kleinpflaster oder Klinker zeigen die unterschiedlichen Farben und Strukturen von Sandstein, Granit oder Basalt.

Während Gabriele Hehl vor allem in der Gärtnerei arbeitet, ist Eckhard Dürre viel im Garten- und Landschaftsbau tätig. Er plant Gärten und legt sie an, die Gärtnerei zeigt anschaulich sein Können. Niedrige Trockenmauern verlaufen an der Längsseite des zentral gelegenen Gewächshauses, an dem Echter Wein und Kiwi ranken. Der Weg vor dem Gewächshaus lenkt die Aufmerksamkeit auf ein feines Mosaik aus dunklen, schmalen Flusskieseln; in von Klinkern eingefassten Rauten sind die Kiesel in besonderen Mustern verlegt. Im Inneren des Glashauses finden wir Kräuter und Sommerflor, Zimmer- und Kübelpflanzen, Dekorartikel und Accessoires.

Hinter dem Glashaus öffnet sich die Fläche zu einem großen, im Kreis gepflasterten Platz mit einem Standbrunnen in seiner Mitte. Zur Rechten steht ein plätschernder, kleiner Wandbrunnen unter einem Bambus, zur Linken sind Stühle, Tische und Bänke arrangiert und mit Pflanzen geschmückt. »Unsere Kunden lieben es, dass es bei uns so aussieht, als wäre es schon immer so, als müsse es einfach so sein«, sagt Gabriele Hehl. »Für viele ist es wie ein Ausflug, wenn sie zu uns kommen.« Auch Eckhard Dürre würde eigentlich gern viel mehr Zeit in der Gärtnerei verbringen, um sich mehr um die Pflanzen kümmern zu können. Beiden sind neben der Gestaltung die Kenntnisse, eine große Pflanzenauswahl und fundierte Beratung wichtig. Ihr vielfältiges Angebot orientiert sich nicht an Trends, sondern an den eigenen Vorlieben und der gestalterischen Qualität der Pflanzen.

Oben Blüten und Duft von Rosen und Flieder begleiten den Kiesweg.
Rechts Beispiel für eine variantenreiche Weggestaltung mit einem Schalenbrunnen als Blickfang
Linke Seite Die Backsteinmauer bildet sozusagen die Wand des Schattenzimmers, in dem Grün den Ton angibt.

An einem alten Gartenhaus, das fast unter Efeu verschwindet, ist ein kleiner Garten entstanden, mit Buchsbaumhecken, Storchschnabel *(Geranium nodosum)* und Zierlauch. Man meint, man sei am Ende der Gärtnerei angelangt, doch zwischen Efeu und Kamelien, Säulen und dem Stamm des großen Walnussbaums öffnet sich überraschend ein neuer Gartenraum.

Das Schattenzimmer

Die hohe Mauer aus alten Klinkern hat Eckhard Dürre auf dem gepachteten Gelände als Erstes in Angriff genommen. Sie lässt den schattigen Bereich fast zu einem Zimmer werden. Kletterrosen legen sich von außen über die Mauerkrone, alte Holztüren und halbrunde Fenster verstärken den Eindruck eines geschützten Raums. Große Töpfe mit Funkien, Schildblatt, Efeu und Kamelien umgeben den Sitzplatz mit seinen Holzstühlen und dem Tisch. Kletterhortensie und Eichenblättrige Hortensie *(Hydrangea quercifolia)*, Buchsbaum, Bambus und japanische Ahornarten geben dem Raum sein grünes Gesicht. Die ausladenden Wedel des Baumfarns überragen die Arrangements und sorgen für eine fast exotische Atmosphäre, und das grüne Laubdach der Walnuss bringt Ruhe in das Schattenzimmer, in dem man schnell vergisst, dass man sich mitten in der Stadt befindet. Umso beeindruckender sind die vielfältigen und farbenfrohen Blüten von Stauden, Gehölzen und Sommerblumen, kommt man dann wieder in die Welt der Gärtnerei. Leises Wasserplätschern aus einem der vielen Brunnen, das Rascheln der Baumbusblätter, der grüne Rahmen von Bäumen und Sträuchern betten alle Farbigkeit harmonisch ein und lenken den Blick auf liebevoll arrangierte Details.

Schon lange hatten Gabriele Hehl und Eckhard Dürre den Wunsch, die Gärtnerei auch für besondere Veranstaltungen zu nutzen. Im Sommer 2010 war es dann soweit: Hunderte von Kerzen verwandelten die Gärtnerei in ein magisches Lichtermeer, und eine Märchenerzählerin verbreitete ganz eigenen Zauber. »Es war uns ein Anliegen, in der schönen Atmosphäre der Gärtnerei etwas Besonderes zu gestalten und zu erleben«, sagt Gabriele Hehl. Und so dürfen sich die Besucher darauf freuen, das Ambiente der Gärtnerei auch zukünftig mit Musik, Lesungen oder Vorträgen zu genießen.

Oben Im kleinen, erhöhten Beet am Gewächshaus ranken Wein und Kiwi.
Links Das Bodenornament aus dunklen Flusskieseln

Oben Hinter Pflanzen geheimnisvoll versteckt führt der Weg in das Schattenzimmer.

Oben Blick in das Gewächshaus mit Sommerflor, Kräutern und abwechslungsreich gestaltetem Weg

Unten Weißrandige Funkien, hellgrüner Ahorn und Tafelblatt in Töpfen bringen Helligkeit in das verschwiegene Schattenzimmer.

Farbenrausch im Moor

Seleger Moor, Rifferswil, Schweiz

Nur eine gute halbe Autostunde von Zürich entfernt, hinter dem Albispass, liegt das Seleger Moor mit seiner Gärtnerei in Rifferswil. Mit einer Fläche von 12 Hektar ist es der größte Rhododendronpark der Schweiz. Zu verdanken haben wir dieses Kleinod dem Landschaftsarchitekten Robert Seleger, der um 1953 das alte Hochmoor, in dem bis zum Zweiten Weltkrieg Torf gestochen worden war, wiederentdeckte. Für Rhododendren, Azaleen und andere Moorbeetpflanzen fand sich dort genau der richtige Boden, und Selegers Leidenschaft war geweckt. Er erwarb das Grundstück und begann, die ersten Rhododendren zu pflanzen. Nach dem sehr harten Winter von 1956, in dem viele Pflanzen erfroren, machte er sich auf die Suche nach Pflanzen, die frostige Temperaturen überstehen könnten. Seine Reisen führten ihn von Kanada über Alaska, Russland, China und Japan bis nach Nepal. Einige von Wildstandorten mitgebrachte Rhododendren kreuzte er auch mit anderen Züchtungen.

Links Behutsam arrangierte Details: Sandsteinbecken mit schwimmenden Blüten von Rhododendren, dahinter Farnwedel und Azaleenzweige
Rechte Seite Zwischen Farnen und Sumpfiris leuchten rosarote Etagenprimeln.

Wasserlandschaften

Mehr als zweihundert verschiedene Rhododendronarten und -sorten hat Robert Seleger, der im Jahr 2000 starb, im Moor angesiedelt. Entstanden ist eine wunderbare Parkanlage, die zwar die Hand des Gestalters erkennen lässt, aber an natürliche Landschaftsbilder angelehnt ist.

Einige Bereiche des Geländes mussten entwässert werden, so dass natürlich anmutende Bachläufe und Teiche entstanden sind. Einfache Holzbrücken führen über die kleinen Wasserläufe. In kräftigem Rot leuchten zarte Japanische Primeln *(Primula japonica)* mit ihren etagenartig angeordneten Blüten am Ufer. Mächtig nehmen sich dagegen die gelben Blütenhüllen der Amerikanischen Scheincalla *(Lysichiton americanus)* aus, deren glänzende Blätter sich im Laufe des Frühsommers zu beachtlicher Größe entwickeln. In feuchteren Bereichen gedeihen weiterhin das Schildblatt *(Darmera peltata)* und die Pestwurz *(Petasites hybridus)*, die mit ihren ornamentalen Blättern besondere Schmuckwirkung haben. Auf der Wasseroberfläche der Teiche liegen die Blätter unzähliger Seerosen, die Robert Seleger einst in seinem Park angesiedelt hat. Zur Blütezeit im Juni und Juli sind sie dann nach der Rhododendronblüte ein weiteres Highlight im Seleger Moor, das einen Besuch wert ist.

Vielfältige Stauden unter Gehölzen

Ein geschwungenes Wegenetz von mehreren Kilometern zieht sich durch den Park; hier und da laden einfache Holzbänke aus dicken Balken oder Halbstämmen ein, sich niederzulassen. Immer wieder gibt es Hinweise auf besondere Gehölze, wenn sie gerade in Blüte stehen wie der Taschentuchbaum *(Davidia involucrata)*, dessen Scheinblüten wie weiße Tücher im grünen Laub hängen. Manchmal ist es der intensive Duft der Pontischen Azaleen, der die Schritte beschleunigt, bis man die Pflanzen in kräftigen Gelb- und Orangetönen hinter der nächsten Wegbiegung auf einer Lichtung erblickt. Unter den Birken mit ihren fast weißen Stämmen verleihen diese Azaleen dem Park ein besonderes Strahlen.

Die Anlage des Seleger Moores zeichnet sich auch durch vielfältige schattenliebende Stauden unter Bäumen und Sträuchern aus. Die Japanische Wachsglocke besticht im Frühjahr mit ihren ahornähnlichen Blättern *(Kirengeshoma palmata)*, im Sommer mit mattgelben Blütenglocken. Ganze Teppiche von Schaumblüte ziehen sich in zartem Weiß durch den Park, ergänzt um Elfenblumen in hellem Gelb. Das ornamentale, kastanienblättrige Schaublatt *(Rodgersia aesculifolia)* steht in reizvollem Kontrast zu den filigranen Wedeln von Farnen. Gelbgrüne Funkien ziehen sich wie ein Band einen geschwungenen Weg entlang

und bringen selbst im Schatten Licht und Sonne ins Spiel. Salomonssiegel und Waldgeißbart schmiegen sich an eine Bank oder blühen im Schatten von Nadelgehölzen. Der Duft von Bärlauch in einigen Bereichen weist darauf hin, dass hier nicht nur saure Bodenverhältnisse herrschen.

Blütenzauber

Eine Gärtnerin ist im Park damit beschäftigt, die welken Blüten von Rhododendren herauszuknipsen. »Wir versuchen, das in der Hauptsaison regelmäßig zu machen, aber wir schaffen es natürlich nicht alles«, erklärt sie fast entschuldigend. »Wir fangen bei den Kleineren an, und dann geht es weiter bei den Großen, so hoch wir kommen.« Bei der Größe des Parks und der Vielzahl der Pflanzen scheint es kaum zu bewältigen zu sein. Aber so entstehen auch ganz zauberhafte Bilder, wenn die Blüten der Rhododendren herunterfallen und einen violetten, rosa, weißen oder roten Teppich bilden. Auf schmalen Waldwegen, unter Kiefern, Weiden, Fichten, Birken und Lärchen kann man eintauchen in den Duft und die Farbenpracht der Azaleen und Rhododendren. Rot-, Gelb- und Orangetöne oder Violett und Rosa verweben sich harmonisch ineinander. Die Farbpalette reicht von strahlendem Weiß über Zitronengelb bis zu gedämpftem Lachs, von kräftigem Rot bis zu Blauviolett.

Zauberhaft und überraschend sind Blumengestecke mit Gräsern und Margeriten aus dem Park, mit Zweigen von Azaleen und grünen Farnwedeln, die in schlichten Vasen eine Bank am Wegesrand schmücken oder auf den Tischen eines einfachen Gartencafés arrangiert sind. Und es kann schon passieren, dass sie bei einem zweiten Rundgang gerade ergänzt wurden um blaue Akeleien. Die Gärtner und Gärtnerinnen sind zwar nicht immer sichtbar, hinterlassen aber im positiven Sinn viele Spuren.

Neben hohen Rhododendren stehen weiße Lavendelheiden, deren Blütehöhepunkt schon leicht überschritten ist. Auch hier ist eine Gärtnerin gerade dabei, sorgsam die Blüten auszuputzen. Im Eingangsbereich, gleich neben dem Kassenhäuschen und der Verkaufsfläche, überraschen die liebevollen Dekorationen. In einem kleinen Holzboot oder einem alten Metallkübel ist der blau blühende Lerchensporn *(Corydalis flexuosa* 'Père David') mit seinem feinen Laub gepflanzt. Ein rechteckiger, ockergrauer Sandsteintrog ist mit Wasser gefüllt, auf dem rosa Blüten eines Rhododendrons schwimmen. Auf einem Porzellanteller sind kleine, blaue Blüten von Hasenglöckchen angerichtet, und auf einfachen Holztischen finden sich Arrangements von Vasen,

Oben Schmale, verschwiegene Wege führen durch die Rhododendronpracht.
Mitte Fast waagerechte Wedel von Baumfarnen über Rhododendronblüten
Unten Zartrosa Rhododendronblüte mit roten Tupfen

Linke Seite Den geschwungenen Weg begleitet ein Band gelb-grüner Funkien.

Oben Salomonssiegel, Walderdbeeren und rotlaubige Haselnuss

Oben An einer rustikalen Bank zwischen Baumstämmen, umgeben von Farnen und Waldmeister, beginnt der Rundgang.
Unten Liebevoll geschmückte Tische im Eingangsbereich; blauer Lerchensporn wächst in einem alten Kessel.

Orchideen, Bonsais oder mit Hauswurz bepflanzten Steinen. Im Seleger Moor gibt es weit mehr zu entdecken als die Blüten von Rhododendren und Azaleen.

Der Farngarten

Schon immer gab es ein natürliches Vorkommen an einheimischen Farnen wie Wurm- und Frauenfarn im Seleger Moor, doch Robert Seleger, der auf seinen Reisen auch besondere Farne sammelte, hatte den Eindruck, dass sie nicht in ihrer ganzen Pracht zur Wirkung kamen. So entstand die Idee, diesen Waldpflanzen einen eigenen Garten zu widmen und ihre besondere Schönheit zur Schau zu stellen. Schon Anfang Mai beginnen die ersten Farne ihre Wedel in frischem Grün zu entfalten. Die Trichter der Straußenfarne *(Matteuccia struthiopteris)* erheben sich im Frühjahr straff aufrecht, bevor sie sich leicht überhängend entfalten. Ein schöner Kontrast dazu ist der Pfauenradfarn *(Adiantum pedatum)*, dessen filigrane Wedel fast waagerecht stehen; mit schwarzglänzenden Stielen und hellem Grün ist er eine aparte Erscheinung. Der Goldschuppenfarn bringt goldbraune Farben hinzu; Königsfarn wächst zu stattlicher Größe heran. Über allem erheben sich die Stämme und Wedel hoher Baumfarne *(Dicksonia antarctica)*. Das frische Grün im Farngarten mit vielen Schattierungen ist vom Frühjahr bis zum Frühsommer eine Augenweide und gerade die richtige, ruhige Umgebung für die Blütenpracht der Rhododendren und Azaleen.

Von Ende April bis zum Juli, mit dem Höhepunkt der Seerosenblüte, ist das Seleger Moor täglich geöffnet. In der Gärtnerei werden vor allem in der Pflanzsaison, Frühjahr und Herbst, mehr als hundert verschiedene Rhododendren und Azaleen, Wildformen und Züchtungen, sowie weitere Moorbeetpflanzen und mehr als zwanzig verschiedene Seerosen angeboten. Pflanzanleitungen und Pflegetipps sind erhältlich und außerdem können sich die Besucherinnen und Besucher von den zauberhaften Blütenarrangements etwas abschauen.

Oben Lichte Birken und gelbe Azaleen hinter dem Seerosenteich
Unten Die Farbenpracht der Rhododendren ist ergänzt um ein Tableau mit Hasenglöckchen.

Oben Unter dem ausladenden Baumfarn beginnt der Pfauenradfarn seine frischgrünen Wedel zu entfalten.

Die Rosenbauern

Rosenschule Ruf, Bad Nauheim-Steinfurth

Die Region um Steinfurth gehört zu den größten Rosenanbaugebieten Deutschlands, und auch bei Sabine und Werner Ruf dreht sich alles um die Rosen. In dritter Generation wird die Rosenschule Ruf von den beiden geleitet, 2010 konnten sie das Firmenjubiläum zum achtzigjährigen Bestehen feiern.

Ab Juni zeigt sich eine ungeahnte Blütenpracht auf dem Baumschulgelände und den »Pflückfeldern« mit duftenden, einmal oder öfter blühenden historischen Rosen. Wenn man bedenkt, wie leicht die Blüten sind, kann man sich kaum vorstellen, dass in jedem Jahr 700 bis 800 Kilogramm Rosenblätter gesammelt werden. »Und dort oben, bei den Ponys, haben wir eine lange Hecke mit der historischen Rose 'Blush Damask' gepflanzt. Das ist zur frühen Blütezeit einfach ein Traum in Rosa«, Werner Ruf ist selbst begeistert.

Unten rechts Eines der *Rugosa*-Kinder: die weiße 'Wild Goose'
Unten Das Holz der Scheune mit Bienenkorb und Rigolpflug unterstreicht den Charakter des Bauerngartens.

Rechte Seite Im schützenden Gewächshaus hat sich die Noisette-Rose 'Crepuscule' innerhalb von zehn Jahren prächtig entwickelt.

Die Gärten an der Holzscheune

Sabine und Werner Ruf haben 1985 außerhalb von Steinfurth ein Gelände gekauft, das sie ausschließlich als Kulturfläche nutzen wollten. Damals produzierten sie hauptsächlich für den Großhandel, belieferten Gärtnereien und Baumschulen. Mit der Anerkennung als Bioland-Betrieb und einem Artikel in der Zeitschrift »Kraut & Rüben« begannen die Veränderungen. Der Privatverkauf nahm, auch im Versand, stetig zu, der erste bebilderte Katalog erschien, und die Kunden zeigten großes Interesse, die gesamte Rosenbaumschule und den Garten zu besichtigen. Für Sabine Rufs Idee, einen Bauerngarten anzulegen, war mit dem neuen Gelände endlich ausreichend Platz vorhanden. Neben und hinter der großen Holzscheune, in der ursprünglich Erden gelagert und Maschinen abgestellt wurden, hat Sabine Ruf ihre Gärten angelegt. Rosen, Stauden und Buchsbaum prägen das Bild. Ab Ende Mai blühen Akelei und Fliederarten in den typischen Pastellfarben; knallroter Türkenmohn lehnt sich an einen grauen Holzzaun, die einfach blühende Wildrose *Rosa spinosissima* zeigt schon ihre hellgelben Blüten, während die unzähligen Knospen der Rose 'Raubritter' die Vorfreude auf die Blüte schüren.

Weshalb Sabine und Werner Ruf sich der Landwirtschaft verpflichtet fühlen, sich auch als Rosenbauern bezeichnen, wird immer wieder deutlich. In dem klassischen Bauerngarten mit von Buchsbaum eingefassten Beeten finden wir als Begleiter für die Rosen Akelei und Frauenmantel, Iris und Pfingstrosen, Leinkraut und Beinwell, Stockrosen und Rittersporn. Die mit Holz verkleidete Scheune zieren ein einfacher Bienenstock, ein alter Rigolpflug, eine zum Spalier gezogene Birne und vergraute Holzleitern, an denen Ramblerrosen wie 'Super Fairy' Halt finden. »Heute kommen manchmal sogar Leute, die sich einfach mit einem Buch auf eine der Bänke setzen wollen, um die Hektik der Großstadt hinter sich zu lassen«, erzählt Sabine Ruf.

Rosentee und Rosengelee

Betritt man den Hof, fallen die vielen Rosenobelisken und Rankgerüste ins Auge. Eine Rose sieht fast aus wie ein menschlicher Körper, mit Leib, Kopf und breit ausgestreckten Armen. Die *Rosa gallica* 'Complicta' mit einfachen, rosa Blüten und leichtem Duft ist eine kräftige Pflanze mit Wildrosencharakter. Nach manchem strengen Winter sind die englischen Rosen oder die Moschusrosen auch schon mal bis kurz

über den Boden zurückgefroren, denn das Gelände der Baumschule liegt in einer Talsenke, in der es starke Fröste geben kann. Doch meist erholen sich die Rosen im Lauf des Frühjahrs. Vor der großen Holzscheune, in der heute das Rosenlädchen eingerichtet ist, stehen wie vergessen Arbeitsschuhe, aus denen blühende Steinbrechgewächse herauslugen. Zur Rechten sind auf einfachen Holztischen in unterschiedlicher Höhe Stauden nach Farben zum Verkauf sortiert, die man von einer Bioland-Staudengärtnerei dazukauft.

Doch bunte Keramikgefäße in Übergröße, Tasse, Tee- und Kaffeekanne, überragen die Stauden – eindeutiger Hinweis auf das kleine Rosencafé. Bei schönem Wetter lädt eine große Terrasse ein, Kaffee und Kuchen in der Sonne zu genießen, bei kühlerer Witterung können sich die Gäste in einem Glashaus aufhalten. »Das war gar nicht so einfach, den Gewächshausbauern klar zu machen, was uns vorschwebte«, berichtet Sabine Ruf. »Es sollte zwar praktisch und vielseitig nutzbar sein, gleichzeitig aber vor allem auch schön! Uns schwebte ein Gewächshaus wie in England vor.«

Kleine Staudenbeete mit Rosen umgeben den Eingangsbereich des Cafés, Baldrian und Mondviolen blühen bereits Ende Mai. Im Frühjahr und Sommer wird das Glashaus mit dem steilen Dach und den Metallverzierungen als Verkaufs- und Seminarraum für Rosenkurse genutzt oder an Wochenenden für private Feiern vermietet. Im Winter findet dort ein Weihnachtsmarkt statt, bevor das Glashaus als Überwinterungsraum für empfindliche Pflanzen genutzt wird. In der kleinen Küche im Anbau entstehen Rosenspezialitäten wie Rosenblütenmarmelade, Gelees oder Rosensirup, die direkt im Rosenlädchen verkauft werden. »Hagebuttenmarmelade gibt es aber nur, wenn mein Schwiegervater welche auskernt. Zum Glück sät er gerne Rosen aus«, meint Sabine Ruf.

Vom Samen zur blühenden Rose

Hinter einem einfachen Holzzaun, vorbei an zurückhaltend bepflanzten Beeten, in denen neben Storchschnabel auch der Spitzwegerich wachsen darf, gelangt man zu den Rosen, die in Töpfen zum Verkauf angeboten werden. Rasenwege sind mit Gänseblümchen übersät, Gänse schnattern vergnügt und halten das Gras kurz.

Ungefähr sechzigtausend Rosen wachsen in jedem Jahr in der Rosenschule heran, von denen die Hälfte in Töpfen weiter kultiviert wird. Mindestens drei Jahre brauchen die Rosen vom Keimling bis zur blühenden Pflanze, die Topfrosen ein Jahr länger. Die Veredelungen – Okulation in den Wurzelhals – werden im Sommer von auswärtigen Ak-

Oben Die *Rosa rugosa* 'Wild Sea' besticht durch Farbe und Duft.
Rechts Bunte Keramikstäbe setzen Farbakzente in der Pflanzung mit Nachtviole und Baldrian.
Linke Seite Im Juni ist das kleine Glashaus eingebettet in ein Meer von Rosenblüten.

kordveredlerinnen vorgenommen. »Da muss ein eingespieltes Team zusammenarbeiten, alles muss schnell und Hand in Hand gehen, solange die Pflanzen noch gut im Wachstum sind, sonst funktioniert es nicht«, sagen die Rufs.

Einige Wildrosen haben sie auch selbst selektiert. »Das sind vor allem die Rugosa-Kinder, alle Rosen, die den Namen 'Wild' in sich tragen.« Da gibt es zum Beispiel die *Rosa rugosa* 'Wild Fox' mit stark gefüllten, samtroten Blüten, die an historische Rosen erinnert, oder Sorten, deren Blütenfarbe ins Pinkviolett geht, wie die von 'Wild Sea'.

Die Gestaltung des Geländes hat sich in Etappen vollzogen. Anfangs hatten Sabine und Werner Ruf noch daran gedacht, den Produktionsbereich bei den großen Gewächshäusern von der Verkaufsgärtnerei abzutrennen. Doch sie wollten den Einblick in die gesamte Arbeit ermöglichen. Eine Buchenhecke mit einem hohen Buchenbogen schafft zwar eine gewisse Unterteilung, doch der Blick wird auf die großen Pflückfelder geleitet, die ab Juni eine wahre Pracht sind.

Das Sortiment der Rosenschule ist sehr umfassend, mit Wildrosen, Kletter- und Ramblerrosen, Strauchrosen, historischen Rosen, Edelrosen, Hochstamm- oder Zwergrosen, dazu noch Clematis und eine gewisse Auswahl an Stauden und Ziergehölzen. Ab Juni bietet sich dann vor Ort, in den Gärten, den Gewächshäusern und bei den Topfkulturen, der beste Anschauungsunterricht, gepaart mit eingehender Beratung. »Unsere Kunden und Kundinnen kommen vor allem wegen unseres großen Sortiments und unseres Fachwissens. Doch uns liegt auch sehr daran, ihnen nahezubringen, dass wir eine Bioland-Rosenschule sind«, betont Sabine Ruf.

Vornehmlich an den Wochenenden herrscht zur Hauptsaison großer Betrieb. Und auch wenn viele Kunden auf der Suche nach bestimmten Rosen sind, so wandert doch oft noch die eine oder andere Rose in den Einkaufskorb. »Da kann man interessante Beobachtungen machen. Frauen kaufen zum Beispiel eher spontan eine Rose, weil sie ihnen gefällt, und überlegen erst danach, wo sie sie in ihrem Garten einpflanzen können. Bei Männern ist es meist umgekehrt, die wissen den Ort, wo eine Rose hinpassen würde, und suchen danach eine Pflanze aus.« Und wer sich nicht entscheiden kann, welche Rose es denn nun sein soll, legt vielleicht noch einmal eine Pause auf einer Bank ein und lässt Blütenfarben und Duft auf sich wirken.

Oben Die Gänse sind die lebendigen Rasenmäher.
Rechts Die einladende Terrasse vor dem Glashaus
Linke Seite links Farbige Keramiken zwischen Stauden und Gehölzen
Linke Seite rechts Strahlend roter Türkenmohn lehnt sich an einen Holzzaun.

Vielfalt in Sonne und Schatten

Staudenkulturen Klingel & Luckhardt, Wingst

Über eine lange Auffahrt gelangt man zur Staudengärtnerei von Uta Klingel und Andreas Luckhardt in Wingst im Elbe-Weser-Dreieck, und zunächst fallen einem die Schattenbeete auf. Im Hinblick auf die Lage der Gärtnerei am Rand des Wingster Waldes und angesichts der großen alten Bäume beschlossen die beiden Besitzer, sich auf die Anzucht von Schattenstauden zu spezialisieren. Doch ist das keineswegs alles, auch fünfzehn verschiedene Rittersporne und unzählige Lenzrosen in vielerlei Variationen sind im Angebot.

Links Mattgelbe Lenzrose mit kräftigen violettroten Sprenkeln
Rechte Seite Im Schatten überzeugen Japangras und Funkie mit kräftigem Wuchs; die Pfeifenwinde lässt einen schmalen Durchgang.

Besonderheiten entdecken

Entlang der Auffahrt beeindrucken zur Linken vor allem Stauden mit besonderem Blattschmuck. Kastanienblättriges Schaublatt mit rosa und weißen Blüten, Maiapfel mit marmorierten Blättern, Salomonssiegel mit weißgerandetem Laub oder auch mit bronzefarbenem Austrieb *(Polygonatum multiflorum* 'Betberg'). Elfenblumen, Funkien, Farne und Buschwindröschen sind in der langen, schattigen Rabatte miteinander kombiniert.

Das Sammlerherz findet in der Gärtnerei von Uta Klingel und Andreas Luckhardt so manche Rarität und auch eigene Auslesen wie ein Buschwindröschen, dessen weiße Blüten an der Unterseite stahlblau gefärbt sind *(Anemone nemorosa* 'Birka'). Und selbst Staudenliebhabern begegnen Pflanzen, die sie noch nicht kannten, etwa Falsche Maiglöckchen oder die Elfenglocke *(Disporum flavens)*, eine dem Salomonssiegel verwandte Pflanze, die im Mai ihre gelben Blüten zeigt. Ein anderer Verwandter *(Disporopsis pernyi)* mit elfenbeinfarbenen Blütenglocken duftet leicht nach Zitrone und ist sogar immergrün.

»Dass wir hier unsere eigene Gärtnerei aufgebaut haben, hat sich einfach so ergeben«, erzählt Andreas Luckhardt. 1994 übernahmen die beiden die Gärtnerei mit dem Geschäftshaus und den alten Gewächshäusern ganz am Ende der Auffahrt. Vor den alten Gebäuden liegt das neue Wohnhaus mit einem kleinen Garten. Die seitliche Rabatte vor dem Wohnhaus ist mit Gehölzen, Stauden und Gräsern gestaltet. Ende Februar schon leuchten die gelben Blüten der Kornelkirsche; ein Blumenhartriegel zeigt im Mai und Juni seine strahlend weißen Scheinblüten, unterstützt von dem imposanten Berg-Knöterich *(Aconogonon speciosum* 'Johanniswolke'). In halbschattigen Bereichen gedeihen Königsfarn, Funkien, cremeweißer Geißbart, blauvioletter Ehrenpreis und das gelblaubige Japangras *(Hakonechloa macra* 'Aureola').

Die Überraschungen bei den Lenzrosen

Schon im zeitigen Frühjahr, wenn die Gartensaison noch gar nicht richtig begonnen hat, lohnt sich ein Besuch in der Gärtnerei. Immer im Februar veranstalten Uta Klingel und Andreas Luckhardt ihre Lenzrosenausstellung in den Gewächshäusern. Wenn man zwischen den Gewächshäusern hin und her schlendert, entdeckt man zudem viele Anemonenarten, von Weiß bis Gelb, und die zarten Blüten und Blätter des Lerchensporns in Rosa bis Pink.

Hunderte verschiedene *Helleborus orientalis* zeigen dann in den Kalthäusern ihre Blütenpracht. Das Farbspiel der nickenden Blüten ist kaum zu übertreffen, die Töne reichen von grünlichem Weiß über zartes Rosa, bläuliches Rot, metallisches Violett und weiches Gelb bis zu Lachstönen. Oft sind auch mehrere Farben an einer Blüte vereint; die Blütenblätter sind gesprenkelt, gepunktet, gestreift oder geadert.

Uta Klingel und Andreas Luckhardt vermehren ihre Lenzrosen aus Samen, die sorgfältig gesammelt werden müssen und immer wieder ungewöhnliche Ergebnisse bringen. Ungefähr siebzig Mutterpflanzen sind der Grundstock für die Anzucht der Lenzrosen. »Wir bemühen uns schon, die Pflanzen gezielt zu bestäuben, aber wirklich reine Saat, die bekommt man nicht, das ist auch genetisch bedingt.« Selbst wenn die meisten Lenzrosen zur Blütezeit in den Kalthäusern stehen, kommen doch immer wieder Insekten, die an der Bestäubung teilhaben. »Ungefähr 50 Prozent der neuen Pflanzen sind den Mutterpflanzen zumindest ähnlich. Alles andere ist dann einfach eine Überraschung, auf die man sich einlassen muss und auf die man sich sogar freuen kann«, meint Uta Klingel. Der Samen von gelb oder dunkelviolett blühenden Lenzrosen falle zwar relativ farbecht, aber auch immer wieder in besonderen Variationen. Denn wenn man ganz genau hinschaut, sind es ungefähr tausend verschiedene Pflanzen. So gibt es in jedem Jahr neue Überraschungen, wenn die Lenzrosen zum ersten Mal blühen. »Wir haben da eine interessante Nische für uns gefunden«, sagt Andreas Luckhardt. »Den meisten Gärtnereien ist diese Kultur zu aufwendig, denn es braucht drei bis vier Jahre, bis die aus Samen gezogenen Pflanzen verkauft werden können. Und bis dahin müssen sie umgetopft und gepflegt werden!«

Und doch sei allen Gartenbesitzern dieser immergrüne, schattenverträgliche Vorfrühlingsblüher ans Herz gelegt. Die Lenzrosen blühen zauberhaft, sind unempfindlich und langlebig, auch die Fruchtstände sind ein Schmuck. Sie sähen sich im Garten aus und mit etwas Geduld lassen sich dann immer neue Variationen entdecken.

Rittersporn und Eisenhut

Nicht nur Liebhaber von Lenzrosen oder Schattenstauden werden in der Gärtnerei in Wingst fündig. Auch Beetstauden sind großzügig im Sortiment vertreten. Ungefähr tausend verschiedene Arten und Sorten von Stauden, Gräsern, Farnen kann man erwerben. Bis auf die Sumpf- und Wasserpflanzen werden alle Pflanzen von Uta Klingel, Andreas Luckhardt und ihren Mitarbeiterinnen und Mitarbeitern selbst produziert.

Das Mutterpflanzenquartier entlang dem Gewächshaus ist im Frühsommer eine wahre Blütenpracht. Allein der blühende Rittersporn ist einen Besuch wert. Mehr als fünfzehn verschiedene Sorten von hell- bis dunkelblau sind hier versammelt, darunter bekannte Züchtungen

Oben Sonne und Schatten spielen im Beet mit Blumenhartriegel, Farn und Waldgeißbart vor dem Wohnhaus.

Rechts Die Sonnenliebhaber: Rittersporn, Gartensalbei, Taglilien und Astern im Mutterpflanzenbeet

Linke Seite oben In Blautönen leuchtet der Rittersporn vor dem Gewächshaus.

Linke Seite unten Von Funkien für den Schatten bis zu verschiedenen Sterndolden reichen die Pflanzen in der Gärtnerei.

von Karl Foerster; doch auch hier gibt es eigene Auslesen wie *Delphinium elatum* 'Wintersonnenwende' mit dunkelviolettblauen Blüten und einer dunklen Biene. »Die hat sich wirklich als unempfindliche und standfeste Sorte herausgestellt«, bestätigt Andreas Luckhardt. Aus der Ferne betrachtet ergibt sich eine Farbpalette in verschiedenen Blau-, Rosa- und Violetttönen, mit Gartensalbei, Storchschnabel, Astern und Edeldisteln, unterbrochen von dem warmen, leuchtenden Gelb eines großen Tuffs duftender Taglilien. Im Schutz einer Buchenhecke lässt sich das Farbspiel von einer Bank aus genießen, mit Blick auf einen kleinen Schuppen, der von Wildem Wein berankt ist. In der Ferne blüht schon im Juni der frühe Bergeisenhut *(Aconitum napellus)* in dunklem Blau. Und im Frühsommer sind auch viele Sterndolden, in Weiß bis Hellrosa, zu bestaunen; die eigene Auslese 'Ruby Star' besticht mit dunkelroten, besonders großen Blüten.

Im September locken die Wingster Staudentage in die Gärtnerei, und in jedem Jahr ist Neues zu erwarten, wie der Katalog ankündigt. Eine Zwergform des Salomonssiegels mit quirlständigen Blättern wird demnächst angeboten werden, viele neue Arten und Sorten der Elfenblume befinden sich in Vorkultur. Und bis zum nächsten Besuch haben sich wahrscheinlich auch die Schattenbeete schon wieder verändert und zeigen neue Raritäten.

Oben Schon im März zeigen sich die Blüten der Elfenglocke.

Oben links Sterndolden in Variationen von Weiß über Rosa zu dunklem Rot

Rechte Seite Drei Jahre werden die Lenzrosen im Glashaus gepflegt, bevor sie in den Verkauf gelangen.

Unten links Das kastanienblättrige Schaublatt mit zarten Blütenständen

Unten Zwischen Lachs und Rosa changiert die Farbe der Lenzrosenblüten.

Gartenkultur und Freude an Pflanzen

Staudengärtnerei Gaissmayer, Illertissen

Am Stadtrand von Illertissen, umgeben von Nadelbäumen und Maisfeldern, liegt die Bioland-Staudengärtnerei von Dieter Gaissmayer. An der Einfahrt wird man empfangen von alten Wagen, die großzügig mit Lavendel bepflanzt sind. Hinter den Parkplätzen liegen kleine Schaugärten, die anlässlich der jährlich stattfindenden bekannten Veranstaltung »Illertisser Gartenlust« angelegt wurden. Gegenüber liegt die Gärtnerei mit weitläufigen Topf- und Mutterpflanzenquartieren, neuen und alten Gewächshäusern, Verkaufsbereich und Schaugärten.

Links Die zarten Blüten des Hanfblättrigen Eibischs
Rechte Seite Weidenbögen unterteilen die einzelnen Bereiche in der Gärtnerei.

STEINGARTEN

Liebe zum einfachen Detail

Hohe, geflochtene Säulen aus Weidenruten betonen den Eingangsbereich. Der Maschendraht des alten Metalltors ist sorgfältig mit trockenen Holzreisern verkleidet. Einfache Konservendosen sind in das Geflecht eingehängt, aus denen verschiedene Lavendelarten herausschauen. Weiter rechts, jenseits eines Laubenplatzes, hängen altmodische, weiße Metalleimer an Seilen und Karabinerhaken, bepflanzt mit Minze-Arten wie thailändischer, marokkanischer Minze oder einer Art, die gar nach Schokolade duftet. Umgeben sind die Kräuter von eher ungewöhnlichen Pflanzen wie Schopflilien *(Eucomis bicolor)* und Neuseeländer Flachs *(Phormium tenax* 'Purpureum'*)* mit schmalem, rötlichem Laub.

Es sind die einfachen, dennoch fantasievollen Accessoires und Gestaltungsideen, die den Charme der Gärtnerei ausmachen. In einem alten Bauwagen zischt die Kaffeemaschine, an den Tischen im kleinen Café Sonnenschein haben sich Gäste niedergelassen; sie müssen allerdings ihren Platz teilen mit Gräsern, Mauerpfeffer und Hauswurz in der Mitte der Holztische, die durch den Bewuchs bereits Patina angesetzt haben. In die Jahre gekommene Metalltische, an denen hier und da der Rost nagt, sind geschmückt mit Schokoladenblume oder kleinen Metallgefäßen, an denen die Pflanzenschilder schon mal mit einer Gabel befestigt sind. In den mit Hopfen üppig berankten Zaun ist ein Stillleben aus Messern, Gabeln und Löffeln eingehängt; in weißblauen Olivenöl-Behältern wachsen Kräuter und Stauden wie Anisdolde oder Berufkraut. Viele Arrangements sind mit Ananassalbei oder Rosmarin der Umgebung, dem Café und den kulinarischen Genüssen, angepasst. Im angrenzenden neuen Holzhaus gibt es dann die etwas edleren Varianten von Dekorationen und Werkzeugen zu kaufen und die Möglichkeit, bei Regen hier Kaffee zu trinken oder an einer Veranstaltung teilzunehmen.

Biologisch und vielfältig

Dieter Gaissmayer hat die ursprünglich 1 Hektar große ehemalige Krankenhausgärtnerei, in der vor allem Gemüse angebaut worden war, mit zwei Partnern 1980 zunächst gepachtet, später gekauft. Die alten Glashäuser blieben erhalten, und die Gärtnerei wurde vergrößert, Land hinzugekauft und neue Gewächshäuser gebaut. Heute umfasst das Grundstück ungefähr 3,5 Hektar. Die Staudengärtnerei Gaissmayer fühlt sich der Förderung und Bewahrung der Gartenkultur verpflichtet. Dieter Gaissmayer betont mit Nachdruck: »Wir produzieren keine Pflanzen, wir kultivieren sie. Das ist jeden Tag Gartenkultur, was wir hier machen, und das zeigt sich auch an der Qualität der Pflanzen.« Am liebsten ist es ihm, wenn er seine Pflanzen in gute Hände abgeben kann und sie in den Gärten der Kunden, mit entsprechender Beratung, ein langes Leben vor sich haben. Denn jede verkaufte Pflanze, die in einem Garten eingeht, ist für ihn eine Niederlage.

Nicht die kurzfristigen Trends oder die ungeheure Vielzahl an neuen Sorten interessieren ihn, sondern die Qualitäten der Pflanzen wie Farbe, Form, Wüchsigkeit, Langlebigkeit. Gartenkultur bedeutet für Dieter Gaissmayer die Verbindung von Ästhetik, Sinnlichkeit, Ökologie und Genuss; seit 1995 ist die Gärtnerei als Bioland-Betrieb anerkannt und arbeitet nach diesen Richtlinien, was für ihn auch konsequenten Mitarbeiterschutz bedeutet. Alle in der Gärtnerei vermehrten Kräuter und unzählige Stauden werden, vom Samen oder Steckling bis zur fertigen

Pflanze, nach biologischen Richtlinien kultiviert. Manchmal müssen Jungpflanzen von konventionellen Betrieben hinzugekauft werden, doch damit hält er nicht hinter dem Berg. »Sie werden in der Gärtnerei dann natürlich nach unseren strengen Regeln weiter vermehrt und gepflegt. Aber alles, was zu 100 Prozent bio ist, steht in grünen Töpfen, die anderen in den schwarzen.« Für die Staudengärtnerei ist es oft ein Spagat, den eigenen Ansprüchen an biologischen Anbau einerseits und große Sortenvielfalt andererseits gerecht zu werden. Dieter Gaissmayer meint, ein noch größeres Sortiment sei nicht mehr wirtschaftlich, allerdings sind weit mehr als dreitausend Sorten und Arten auf dem Gelände gepflanzt. Sie stehen unter ständiger Beobachtung, müssen sich einige Jahre bewähren, bevor sie in den Verkauf gelangen. Doch ihm geht es nicht um Quantität, seine Ziele sind vielmehr Stabilität und qualitatives Wachstum – und zunehmend altmodische Stauden, die schon seit hundert Jahren in den Gärten zu finden sind, zum Beispiel hoher Staudenphlox in alten Sorten mit vielen Farbvarianten.

Lebendiges Treiben

Im Verkaufsbereich der Gärtnerei herrscht reges Treiben. Die Gärtner und Gärtnerinnen sind in Kundengespräche vertieft. Schnell schwingt sich schon mal jemand auf den 'Staudenblitz', ein Fahrrad, um die gewünschten Pflanzen zu holen. Hohe, dunkelrot gestrichene Holzbretter sorgen für Orientierung: in weißen Lettern steht darauf, wo die Küchenkräuter, Minzen, Gräser, Wasser- oder Steingartenpflanzen zu finden sind; lebende Weidenbögen oder Säulenhainbuchen rahmen die Wege. Ein vergrautes Holzboot scheint gestrandet zu sein vor einem Meer aus Gräsern, hinter denen sich kleine Hügellandschaften aus Minze erheben, von denen die Staudengärtnerei mehr als fünfzig verschiedene anbietet. Die Verkaufsfläche ist ein kleiner Garten für sich, mit einladenden Tischen und Stühlen und kleinen Gartenkunstwerken, etwa elegante, gedrehte Säulen aus Dachziegeln. Selbst ein alter, weißer Küchenofen ist mit Kräutern bepflanzt; an Gabionen hängen Suppenkellen, gefüllt mit Hauswurz-Arten. Ob Frühjahr, Hochsommer oder Herbst, die im Verkaufsbereich ausgestellten Stauden sind in voller Blüte: Da leuchten im Sommer gelbe Taglilien oder weißer, großblättriger Phlox; in großen Töpfen strahlen die hängenden Blüten vom Weißen Wiesenknopf (*Sanguisorba tenuifolia* var. *alba* 'Albiflora') oder von Fackellilien.

Oben Taglilien, Gräser und Sonnenhut – und bunte Keramiksäulen
Mitte Im Steingarten duften Blauraute, Lavendel und Muskatellersalbei um die Wette.
Rechts So sanft wie die Gräser bewegt der Wind auch die Muschelketten.
Linke Seite Geflochtene, in sich gedrehte Weidenkugeln als Blickfang zwischen Töpfen und Mutterpflanzen

Oben Wie gestrandet in einem Gräsermeer wirkt das alte Holzboot.
Unten Mitte Ein idyllischer Platz vor dem von Clematis berankten Haus
Unten rechts Rotbraune Schilder mit weißer Schrift weisen den Weg zu Kräutern und Minzen.
Unten Die hängenden Blüten des weißen Wiesenknopfs

Die Stauden im Garten

Hinter dem Verkaufsgarten fällt der Blick durch Bögen brauner Weidenreiser auf die sich anschließenden Topfquartiere mit Taglilien, Phlox, Dost, Fetthenne oder Sonnenauge und hier und da eingestreuten weißen Spinnenblumen. Ein Spaziergang durch den weitläufigen Staudengarten lohnt sich, denn er ist weit mehr als ein Mutterpflanzenquartier. Ein großes, mehrere Meter hohes Tor aus kunstvoll geflochtenen Reisern lädt ein in schattige oder sonnige Bereiche. Dort gedeihen Funkien, Silberkerzen, Maiapfel und Herbstanemonen, die eher den Schatten mögen; Lavendel, Blauraute und Muskatellersalbei verströmen ihren betörenden Duft im sonnigen, leicht erhöhten Steingarten, wo Holz, Dachziegel, Findlinge oder Pflastersteine das Gelände abstützen. Die Vielfalt an wiederverwendeten Materialien sorgt für eine gewisse Lebendigkeit und Unkompliziertheit. Und immer wieder entdeckt man ganz besondere Pflanzen, die aus der Nähe betrachtet werden wollen, wie die zart rosa Malve *(Althea cannabina)*, die trotz ihrer Höhe nichts an Fragilität verliert. Gräser wie Chinaschilf, Lampenputzer- oder Reitgras sorgen in der Kombination mit blühenden Stauden für Leichtigkeit im Garten. Das Tautropfengras *(Sporobolus hetorolepsis* 'Cloud'*)*, das sogar noch duftet, umspielt zart die Korbblüten des Sonnenhutes *(Echinacea purpurea* 'Rubinstern'*)*. Die Vielzahl an Eindrücken und die Anregungen sowie die Staudenschätze scheinen fast unbegrenzt.

Anregen und begeistern

Die Aktivitäten von Dieter Gaissmayer haben sich in Deutschland, Österreich und der Schweiz herumgesprochen. Die seit 1997 jährlich

im September stattfindende »Illtertisser Gartenlust«, Markttage für Gartenkultur mit thematischen Schwerpunkten und Fachvorträgen, lockt meist mehr als zehntausend Besucherinnen und Besucher an. Im Frühjahr gibt es ein Wochenende für »Kraut und Krempel«, an dem Kräuter, Flohmarkt und edlere Gartenantiquitäten im Mittelpunkt stehen; im Herbst dann zeigen die Gräser anlässlich von »Gras und Krempel« ihre ganze Pracht. Um diese Veranstaltungen von der Gärtnerei abzukoppeln und zu entkommerzialisieren, ist ein Verein gegründet worden, dessen Einnahmen für das Kulturprogramm und die Organisation von Fachvorträgen verwendet werden. Zukünftig wird die 2010 gegründete Stiftung Gartenkultur diese Aufgabe übernehmen und auch den Aufbau eines Gartenmuseums in die Wege leiten.

Doch Dieter Gaissmayer, seine Partner, die Auszubildenden und ungefähr zwanzig Angestellte leben nicht in der Vergangenheit. Auch wenn sie die Gartenkultur bewahren wollen, verschließen sie sich natürlich nicht den technischen Neuerungen, sondern setzen sie dort ein, wo sie von Nutzen sind. Seit fünfzehn Jahren vertreiben sie ihre Pflanzen auch über den Versand. Schon von Beginn an ist die vorbildliche Internet-Präsenz mit großem Einsatz aufgebaut worden, ungefähr zwei Drittel des Verkaufs nehmen heute diesen Weg, vor allem innerhalb Deutschlands und ins benachbarte Ausland. Die umfangreichen Internet-Seiten der Staudengärtnerei Gaissmayer sind mehr als beachtenswert, allein schon wegen der ausführlichen Pflanzenporträts – sie sind, mit Unterstützung der Tochter, nach wie vor Chefsache. Doch kann der virtuelle kein Ersatz sein für den persönlichen, immer wieder beeindruckenden Besuch in der Staudengärtnerei, der zu jeder Jahreszeit ein Erlebnis ist.

Oben Das Café Sonnenschein mit Lavendel am Eingangstor

Unten Mitte Durch das große geflochtene Tor gelangt man in die Schattenpartien.

Unten links Eine Wagenladung Lavendel

Unten rechts Ein alter Küchenherd wurde mit Kräutern bepflanzt.

Üppige Stauden vor grandioser Kulisse

Stauden Kopf, Sulz, Österreich

Die Hausanschrift der Staudengärtnerei von Elke und Thomas Kopf im Vorarlberger Sulz, Haltestellenweg 2, klingt recht prosaisch. Umso überwältigender ist der Anblick der grandiosen Berglandschaft, in die die Gärtnerei eingebettet ist. Richtung Osten bietet sich der Blick auf das Alpenvorland, im Westen über das Rheintal hinweg auf die Schweizer Berge, und im Süden liegt das Rätikon, das der gesamten Anlage eine besondere Atmosphäre verleiht. Man taucht ein in eine Welt jenseits aller Betriebsamkeit und Hektik, in der selbst die kleine Landstraße hinter einer kunstvoll aufgeschichteten Trockenmauer verschwindet, die den zurückhaltenden Hintergrund für farbenfrohe Staudenpflanzungen bildet.

Unten rechts Stauden für Sonne und Schatten, im Hintergrund das neue Wohnhaus

Unten In langen Reihen stehen Stauden in Töpfen vor den schmalen Mutterpflanzenbeeten und den Schweizer Bergen.

Rechte Seite Nicht nur Blütenstauden, auch Gräser gehören zum umfassenden Sortiment.

Leben in der Gärtnerei

»Die Mauer hat eigentlich vier Jahresringe«, erzählt Thomas Kopf. »So lange hat es gedauert, bis sie die endgültige Höhe von 1,5 Metern erreicht hat. Es sind alles Lesesteine, die ich nach und nach gesammelt habe.« Zum Teil stammen diese Steine aus dem Dorfbach, der am Grundstücksrand fließt, zum Teil hat Thomas Kopf sie zusammengetragen, wenn in der Umgebung gebaut wurde. Die in vielen Etappen und mit großer Sorgfalt aufgeschichtete Mauer ist die seitliche Begrenzung der Gärtnerei zur Landstraße, die Elke und Thomas Kopf gleichsam verschwinden lassen wollten. Damit hat sich etwas recht Einzigartiges ergeben, denn obwohl die Gegend relativ eng bebaut ist, hat man dennoch den Eindruck von großzügiger Weite und Hochgebirge zugleich. Man blickt auf Baumkronen außerhalb der Mauer, auf sanfte Wiesen, einige alte Obstbäume und landwirtschaftlich genutzte Felder, bevor sich in der Ferne das Alpenvorland und die Schweizer Berge zeigen.

Elke und Thomas Kopf haben beide mehr als zwanzig Jahre Erfahrung mit Stauden. Schon 1986 gründete Thomas Kopf, gelernter Staudengärtner, eine eigene Gärtnerei, die anfangs noch in den elterlichen Gartenbaubetrieb in Frastranz integriert war. Erst 1998 übersiedelten Thomas und Elke Kopf, die noch ein Studium der Garten- und Landschaftsplanung absolvierte und seit 1991 in der gemeinsamen Gärtnerei arbeitet, auf das Gelände in der Gemeinde Sulz.

Dem Ehepaar war klar, dass eine Fläche von mindestens 1 Hektar nötig wäre für eine funktionierende Gärtnerei mit umfassendem Sortiment. Diese Fläche zu finden war nicht so ganz einfach, doch schließlich hat es geklappt, und heute sind Elke und Thomas Kopf glücklich, dass sie 2008 auch ein neues Wohnhaus für sich und die drei Kinder auf dem Gelände bauen konnten, so dass sich Wohnen und Arbeiten an einem Ort vereinen lassen. »Der Traum vom Leben in der Gärtnerei hat sich erfüllt. Und seitdem erleben wir sie ganz anders und viel intensiver.«

Oben Der einladende Platz vor dem Gewächshaus wird immer wieder neu dekoriert.

Rechte Seite links Kombination in Violett, Magenta und hellem Gelb mit Anisdolde, Indianernessel und Königskerze

Rechte Seite rechts Die Beete mit Taglilien und Indianernesseln reichen bis zum Kirschbaum und zum Maisfeld.

Erleben von Vielfalt

Fährt man an der Mauer entlang, kann man noch nicht auf das Gärtnereigelände schauen. Hinter einer Kurve zeigen sich vor der Trockenmauer dann kleine Schaubeete; im Frühsommer leuchten die Blüten des Schlafmohns in kräftigen Pinktönen, später steigern sich Fackellilien in leuchtendem Orange und die violette Blauraute in ihrer Farbwirkung gegenseitig. Eingerahmt wird das Gelände der Gärtnerei von den üppigen Mutterpflanzenquartieren, die wie breite Schaurabatten wirken und immer wieder einen Blick in die Landschaft zulassen oder die Natur außerhalb gar ergänzen, so, wie die cremefarbenen Blütenrispen des Beifußes das angrenzende Maisfeld.

Lange Reihen von Staudenkisten bilden das Zentrum der Gärtnerei, auch hier finden sich immer wieder interessante Farbkombinationen, wenn sich hinter der violettblauen Anisdolde und einer magentafarbenen Indianernessel hohe Königskerzen in fast zitronigem Gelb erheben. Große Tuffs von orangefarbenen Ringelblumen leuchten zusammen mit Fackellilien vor den zarten Halmen von Chinaschilf, bevor sich die Blüten von verschiedenen Astern entfalten, von denen es die *Aster cordifolius* 'Blütenregen' mit zarten hellblauen Blüten Thomas Kopf vor allem angetan hat, während die Wolfsmilchgewächse zu den Lieblingen von Elke Kopf gehören.

Ein beliebter Treffpunkt

Neben Gartenführungen veranstalten Elke und Thomas Kopf an zwei Wochenenden im Jahr, Anfang Mai und Anfang September, ihre Gartentreffpunkte, die sich großer Beliebtheit erfreuen. Sie möchten den Pflanzenliebhabern in der Gärtnerei einen Raum bieten, wo sie sich austauschen und fachsimpeln können, bei einem Kaffee in Gartenbüchern stöbern und neue Einjährige oder Stauden und Gräser entdecken.

Zu den Neuigkeiten gehören zum Beispiel Schmuckkörbchen in der ungewöhnlichen Farbe Orange *(Cosmos sulphureus)* und die imposante Mexikanische Sonnenblume *(Tithonia mexicana)*. Das Sortiment wird stets beobachtet und kritisch geprüft; Sorten, die sich nicht

bewährt haben, fallen weg, neuere, gesündere Sorten werden aufgenommen. Die Auswahl an Indianernesseln wurde ergänzt durch *Monarda fistulosa* var. *menthaefolia*, die trockenheitsverträglicher und nicht so mehltauanfällig ist. Im Asternsortiment wurde der Schwerpunkt mehr auf robustere, gesündere Wildastern gelegt. Auch interessante Formen von Doldenblütlern haben Einzug gehalten. Der weiße, quirlständige Haarstrang *(Peucedanum verticillare)* und die Kaschmirdolde *(Selinum wallichianum)* bezaubern mit ihren Blüten und ihrem zarten Laub.

Ungefähr tausend Pflanzen hat die Gärtnerei im Repertoire, sie werden zu 90 Prozent aus den eigenen Mutterpflanzen gezogen, sei es durch Teilung, als Stecklinge, Wurzelschnittlinge oder aus Samen. Im multifunktionalen Gewächshaus werden Pflanzen aus Samen vorgezogen, pikiert und später getopft. Die Mutterpflanzen werden gehegt und gepflegt und genau beobachtet, wie sie mit den gegebenen Verhältnissen von relativ hohen Niederschlagsmengen und eher durchlässigem Boden zurechtkommen. »Wir bemühen uns vor allem, Stauden anzubieten, die sich bewährt haben und in unserer Region gut zurechtkommen, denn die Kunden und Kundinnen sollen lange Freude an ihren Pflanzen haben«, betont Elke Kopf. Formen guter Beratung und fundierte Pflanzenkenntnisse vermitteln die Kopfs engagiert ihren Lehrlingen.

Zum guten Wachstum der Pflanzen tragen auch selbst gemischte Erden bei, denen eigener Kompost beigefügt wird; sie werden in der Staudenkultur verwendet und zum Verkauf angeboten. Auch die biologische Arbeitsweise, der sich die Gärtnerei von Anfang an verschrieben hat, und die 2005 erteilte Anerkennung als kontrollierter Biobetrieb sind wichtige Grundlagen ihrer Arbeit. »Die eigene Kompostierung, nach kontrolliert mikrobiellem Verfahren, halten wir für einen sehr sinnvollen Kreislauf«, erläutert Thomas Kopf.

Neben Stauden, Gräsern, Einjährigen und Kräutern finden sich auch Salat- und Gemüsesetzlinge im Angebot, ebenso Zwiebeln, Gehölze, Schling- und Kletterpflanzen, Rosen und Beeren, die soweit möglich aus anderen biologisch arbeitenden Gärtnereien zugekauft werden.

So sind die Gartentreffpunkte für die Kopfs immer wieder eine gute Möglichkeit, die eigene Arbeitsweise und die Pflanzenvielfalt vorzustellen, auf den einen oder anderen besonderen Frühjahrs- oder Herbstblüher aufmerksam zu machen. Und die Gäste genießen das Treffen und liebevolle Pflanzenarrangements in einer zauberhaften Umgebung.

Oben Im Schaubeet vor der Mauer ergänzen sich die Farben Grüngelb sowie Pink und Violett.

Oben links Die Aussicht in die Weite der angrenzenden Streuobstwiesen

Unten links Die Fackellilie 'Star of Baden-Baden' hebt sich eindrucksvoll von der Natursteinmauer ab.

Unten Variationen in Violett mit der Anisdolde 'Blue Fortune' und Eisenkraut

Linke Seite oben links Blick auf das Voralpenland über roten Kerzenknöterich und die silbrigen Blüten von Chinaschilf hinweg

Linke Seite oben rechts Ein Blütenmeer von Taglilien vor Baum- und Bergkulisse

Linke Seite unten links Farbenpracht im Spätsommer: die in der Sonne leuchtenden silbrigen Blüten des Lampenputzergrases

Linke Seite unten rechts Doldenblütler wie Haarstrang *(Peucedanum verticillare)* erfreuen sich zunehmender Beliebtheit.

Die Schönheit der Wildstauden

Die Wildstaudengärtnerei Patricia Willi, Eschenbach, Schweiz

In Eschenbach, nur wenige Kilometer nordöstlich von Luzern, in einem kleinen Tal, durch das sich ein Bach schlängelt, liegt die Wildstaudengärtnerei von Patricia Willi. Durch ein dörfliches Wohngebiet am Waldibach gelangt man zum Grundstück der Gärtnerei. Akkurate, rechteckige Topfquartiere sind mit vergrautem Holz eingefasst, die Wildstauden nach Standorten geordnet. Mit Bändchengewebe verschattete Tische bieten den frisch gekeimten Pflänzchen Schutz vor zu starker Sonneneinstrahlung. Patricia Willi und ihre Mitarbeiterinnen arbeiten konsequent nach Richtlinien von Bio Suisse und Demeter und haben sich leidenschaftlich den heimischen Wildstauden verschrieben, die sie fast ausnahmslos aus Samen vermehren.

Unten rechts Der von Patricia Willi so genannte Monte Generoso mit *Helleborus* und anderen Pflanzen aus dem Tessin

Unten Wiesenpippau in voller Blüte

Rechte Seite Skurrile Weidengeflechte mit Waldmarbel und Lichtnelken

Offenheit und Ruhe

Gleich am Eingang der Gärtnerei steht eine von Hainbuchen umgebene Holzbank. Wenn man sich hier niederlässt, empfindet man Offenheit und Ruhe, lässt den Blick über das Gelände streifen bis zum heruntergezogenen Dach des Wohnhauses und der Scheune; es herrscht eine ruhige, doch intensive Atmosphäre. Gärtnerinnen mit Listen in den Händen stellen Staudenkisten zusammen. Zur rechten Seite steigt das Gelände an; eine niedrige Trockenmauer aus grauem Naturstein fängt den Boden ab. Die leicht ansteigenden Beete haben die Anmutung eines impressionistischen Gemäldes. Die Blütenköpfe von weißen Anemonen *(Anemone sylvestris)* bewegen sich leicht im Wind, Wolfsmilcharten zeigen ihre typischen grüngelben Blüten, über denen sich die filigranen Blüten einer fast weißen Wiesenraute erheben. In kräftigerem Rosa hat die Pfingstrose ihre Blüten so weit geöffnet, dass die orangegelben Staubgefäße sichtbar sind. Das weiß blühende Fingerkraut *(Potentilla rupestris)* vermittelt etwas Leichtes und gesellt sich zu rosa Lichtnelken.

Weidenlandschaft

Hebt man den Blick, entdeckt man schützende Gehölze und ein skurriles Gebilde aus Weiden; in unregelmäßiger Reihe gepflanzt, merkwürdig gebunden und geschlungen ergeben sie ein Labyrinth aus Ästen und schmalen Blättern. Im Frühjahr sind diese Strukturen noch deutlich zu erkennen, im Sommer verschwinden sie zunehmend unter dem Laub, behalten aber ihre skulpturale Qualität. Ein schmaler Weg, begleitet von weißlich blühender Hainsimse, violettblauem Storchschnabel und Teufelskralle *(Phyteuma orbiculare)*, führt einen kleinen Hang hinauf. Aus dem anmutig wilden Durcheinander des Weidengeflechts gelangt man zu architektonischer Ordnung. Ein hoher Weidendom, akkurat gebunden und geschnitten, lässt an die Baukunst der Renaissance denken. »Für diese Arbeit des Schneidens brauchen zwei Frauen fast eine Woche«, erklärt Patricia Willi. »Aber wie man sieht, lohnt sich die Arbeit allemal.« Es ist ein erhabener Bau vor blauem Himmel und angrenzenden Wiesen, ein Ort, an dem sich so manch lauer Sommerabend im Schein von Feuer verbringen lässt.

Oben Der neue Wildstaudengarten hat mit Salbei und Storchschnabel Wiesencharakter.

Linke Seite Der lebende Weidenzaun mit den kleinen Rauten begrenzt den Garten.

Vom Balkon zum Wildstaudengarten

Vom kleinen Weg auf der Anhöhe hat man einen Überblick über die Gärtnerei, über geordnete Beete und Folientunnel. Patricia Willi und ihre Mitarbeiterinnen haben auch eigenen Kompost und selbst gemischte Erden, die sie für die Anzucht der Wildstauden verwenden. »Mein erster Garten hier war zu Anfang eigentlich nur ein Balkon und schmale Bereiche direkt am Haus«, erzählt Patricia Willi.

Kein Wunder, dass sie für ihre Kunden und Kundinnen eine umfassende Pflanzliste zusammengestellt hat, mit Wildstauden, die sich auch in Töpfen oder Balkonkästen wohlfühlen. Und da sie mehrjährig sind, haben sie den großen Vorteil, dass sie nicht, wie Sommerblumen, in jedem Jahr ersetzt werden müssen. Eine andere Liste fasst die Stauden zusammen, die vor allem Schmetterlinge anziehen. Patricia Willi hat mehr als zwanzig Jahre – die Wildstaudengärtnerei ist bereits 1988 gegründet worden – Erfahrung gesammelt, man kann sich getrost auf ihre Empfehlungen verlassen.

Vorbei an dem Haus geht es weiter in den neuen Wildstaudengarten, der auch der Samengewinnung dient. »Es ist einfach ein Glücksfall, dass wir hier endlich einen richtigen Garten anlegen konnten«, erzählt die Gärtnerin mit strahlenden Augen. »Der Bach hier musste saniert und ein kleiner Damm errichtet werden. Und jetzt dürfen wir diese Fläche als Garten nutzen.« Eine alte Sandsteinbrücke mit großen Platten und Quadern wurde erneuert, die schönen Naturmaterialien haben nun ihren Platz im Garten gefunden. Große Sandsteinblöcke rahmen einen runden, leicht erhöhten Sitzplatz, eine mächtige Steinplatte dient als Tisch, und ausgesuchte Flusskiesel mit schöner Aderung liegen zwischen Stauden und Gräsern. Eine anmutig zarte Installation aus Rundstahl und schmalen, aufgefädelten Keramikstreifen ergänzt den Sitzplatz. In Rosa und Violett leuchten die Blüten des Alpenbalsams *(Erinus alpinus)* und des Storchschnabels. Am Fuß der Sandsteinmauer gedeiht das Mädesüß *(Filipendula vulgaris)*, das sich an trockenen Standorten wohlfühlt. Violette Blüten der Haferwurz

Oben Blick über die Gärtnerei; die Pflanzen sind nach Standorten auf die Beete verteilt.

Oben rechts Naturstein kennzeichnet den runden Sitzplatz, an dem Leberbalsam und Storchschnabel blühen.

Unten Im Wildstaudengarten wechseln sich feuchte und trockene Standorte ab.

(Tragopogon porrifolius) lassen von weitem an Sonnenhut denken; das schmale, aufrechte Laub ist blau überhaucht und erinnert an Lauch. »Das ist im engen Sinne keine einheimische Wildstaude, aber sie wurde früher häufig als Gemüse angebaut, denn die Wurzel und auch die Knospen sind essbar.« Sie ist in jedem Fall eine Bereicherung für den Garten und bildet nach der Blüte wunderschöne Samenstände aus, die eifrig gesammelt werden.

Im Wildstaudengarten von Patricia Willi gibt es vielerlei Standorte. Der trockene, karge Bereich am Sitzplatz geht über in feuchte Lagen und Wasserflächen. Eine Wildwiese bezaubert mit violettem Wiesensalbei *(Salvia pratensis)* und rosa, leicht gelb überhauchter Esparsette *(Onobrychis viciifolia)*, die in dem eher nährstoffhaltigen Boden ungewöhnlich hoch wird. Die gelben Korbblüten des Wiesenpippau *(Crepis biennis)* leuchten in der Sonne. Im Sommer wachsen in den feuchten Bereichen am Graben viele Doldenblütler wie Sumpf-Haarstrang oder Rosskümmel, eine spezielle Leidenschaft von Patricia Willi. »Und hier gibt es etwas Besonderes. Das ist mein ›Monte Generoso‹ mit Pflanzen, die ursprünglich aus dem Tessin stammen.« Die Pflanzensammlung auf dem kleinen aufgeschütteten Damm wird noch ergänzt werden. Jetzt finden sich hier schon *Clematis recta* und die wilden Nieswurzarten *Helleborus viridis* und *Helleborus foetidus*. Ein anderer Gartenbereich ist frisch bearbeitet, hier sollen in Zusammenarbeit mit Kollegen von der Hochschule Wädenswil neue Pflanzengemeinschaften entstehen. Den Abschluss des Wildstaudengartens bildet ein kunstvoll geflochtener Zaun aus lebenden Weiden. Im Frühjahr haben die gleichmäßigen Rauten des Geflechtes eine gewisse Transparenz, sie bilden dann den fließenden Übergang in eine offene Wiese, umgeben von hohen Bäumen.

Schon heute zeigt der Wildstaudengarten eine große Vielfalt an Blüten und Farben, die eher zart miteinander verwoben sind; die Schönheit der einzelnen Pflanzen zu erkennen, erfordert auch eine gewisse Aufmerksamkeit. Mehr als fünfhundert verschiedene Wildstauden, ungefähr ein Sechstel der schweizerischen Wildpflanzen, haben Patricia Willi und ihre Kolleginnen im Sortiment. Die Samen zur Vermehrung werden meist selbst gesammelt. Sie stammen ursprünglich von Naturstandorten und werden heute meist auf dem Grundstück der Gärtnerei geerntet. Und bis aus den Samen kräftige Stauden heranwachsen, kann es mitunter Monate oder gar Jahre dauern. Doch das hält die Gärtnerinnen nicht ab; in unzähligen Saatschalen keimen neue Pflänzchen heran, die später pikiert und getopft werden wollen. Und Patricia Willi, die für ihren Einsatz und ihre Leistungen im Bereich der biologisch gezogenen Wildstauden 2010 den Prix Bio verliehen bekam, ist fest überzeugt: »Unsere aus Samen gezogenen Pflanzen sind einfach vitaler und robuster als andere.« Bei einem Besuch in der Staudengärtnerei kann man sich von ihrem Motto »Hier ist die Natur nicht Rahmen, sondern Inhalt« auf beeindruckende Weise überzeugen.

Oben Von der mit Hainbuchen umgebenen Bank überblickt man die gesamte Gärtnerei.
Unten links Der imposante Weidendom
Unten Das ansteigende Gelände hinter den Topfreihen fasst eine Trockenmauer ein; die Bepflanzung ist in Pastelltönen gehalten.

Von der Obstwiese zu den Wildstauden

Garten Moorriem, Elsfleth

Gärtnerei und Garten Moorriem von Ute und Albrecht Ziburski liegen auf einer alten Hofanlage im Nordwesten Deutschlands, in der Wesermarsch. Typisch für die Region ist das Bauernhaus aus rotem Backstein mit weißem Fachwerk und tief heruntergezogenem Reetdach. Eine alte Kastanie prägt den Hof vor dem Wohnhaus mit seinem großen, grünen Eingangstor, neben dem sich eine Kletterhortensie an die Fassade schmiegt. Ein großer, breiter Buchsbaum ist in unregelmäßigen Formen geschnitten.

Unten rechts Ein Meer von Sonnenhut in Rosa- und Rottönen, dazwischen dunkelrote Engelswurz
Unten Typisch ländlich: Vor der alten Scheune blüht ein großer Holunder.

Rechte Seite Im Buchsbaumgarten blühen im Juni Rittersporn, Kratzdistel und Pfingstrosen in harmonischen Farben, nur das Grüngelb des Frauenmantels hebt sich ab.

Die Gärtnerin und der Fotograf

Erst im Jahr 2006 haben Ute und Albrecht Ziburski den Schritt gewagt, von der Stadt aufs Land zu ziehen und einen großen Garten anzulegen. »Eigentlich ist meine Frau schon lange die begeisterte und praktizierende Gärtnerin«, gibt Albrecht Ziburski zu. Der Besuch des Gartens von Piet Oudolf im Jahr 2000 hat Ute Ziburski regelrecht fasziniert: »Da begriff ich, dass es genau das war, was ich auch haben wollte. Dieser lockere Wildpflanzencharakter mit üppigen Stauden und Gräsern hatte es mir angetan.« Ihre Leidenschaft war geweckt. Die Nähe zu Natur, landschaftlichen Schönheiten und Pflanzen hatte auch in den Jahren zuvor große Bedeutung. Gemeinsam mit ihrem Ehemann, von Beruf Botaniker, bereiste sie den Amazonas; Albrecht Ziburski forschte über Baumarten in den Überschwemmungswäldern Amazoniens.

Als reise- und naturbegeisterter Mensch hatte Albrecht Ziburski schon zu Studienzeiten seine Eindrücke mit der Kamera festgehalten. Aus dem Aufenthalt in Amazonien entstand die erste große Dia-Show mit Landschafts- und Naturaufnahmen, die er öffentlich präsentierte. Seit 1999 kam dann zu den bebilderten Reiseberichten das Vortragsthema Garten hinzu. Vor allem die Gärten Englands hatten es den beiden angetan, zudem die Gartenkultur in Ländern wie Italien, Portugal, Spanien, den Niederlanden und Deutschland. Seither füllt Albrecht Ziburski mit seinen fundierten, lebendigen Vorträgen Veranstaltungssäle überall in Deutschland.

Als die Kinder das Schulalter erreicht hatten, schien es angeraten, die Reisen einzuschränken und sich niederzulassen. Und es keimte der Wunsch, ganz nach englischem Vorbild, einen Besuchergarten anzulegen und eine eigene Gärtnerei aufzubauen. »Ich habe schon immer gern gegärtnert, und genau diese Kombination hat uns in England fasziniert. Damals gab es hier bei uns noch nicht so viele Privatgärten, die ihre Pforten öffneten«, erzählt Ute Ziburski. »Und wir hatten die Idee, es hier in Norddeutschland selbst zu versuchen.« So begaben sie sich auf die Suche nach einem Haus mit geeignetem Grundstück, wobei die Beschaffenheit des Bodens immer eine entscheidende Rolle spielte. Was sie dann in der Wesermarsch in nur fünf Jahren erschaffen haben, versetzt Besucherinnen und Besucher, die zwischen Ende Mai und Anfang Oktober an den Wochenenden willkommen sind, in ungläubiges Staunen.

Die ersten Schritte

In den ersten sechs Monaten des Jahres 2006 waren sie vornehmlich damit beschäftigt, das alte Bauernhaus zu restaurieren. Schon zwei Jahre nach dem Einzug gingen Ute und Albrecht Ziburski das Wagnis ein, den Garten für Besucherinnen und Besucher zu öffnen. »Wir wollten den Menschen zeigen, wie es anfängt und sich entwickelt. Eigentlich sah der Garten schon im ersten Jahr gut aus«, erzählt Albrecht Ziburski. »Das liegt vor allem an dem guten Flussmarschboden, den wir hier haben«, meint er beiläufig. »Das war immer Gartenland, und das ist über Jahrhunderte mit den Händen bearbeitet worden.« Doch vor allem die Ideen und Visionen, die unzähligen Gartenbesuche, die praktischen Erfahrungen der Gärtnerin und das geschulte Auge des Fotografen schufen die Voraussetzungen für die Anlage des Gartens Moorriem. Die intensive Beschäftigung mit der Gartenkultur, gute Pflanzenkenntnisse, das Wissen um Raumbildung und Farbwirkung ließen einen außergewöhnlichen Garten entstehen.

Fast traditionelle Gartenzimmer

Seitlich am Haus vorbei führt der Weg in den rückwärtigen Garten, der nur 25 Meter breit, aber langgestreckt ist. Der schmale Streifen am Haus ist mit Feldsteinen belegt, zwischen denen sich das filigrane, mexikanische Federgras *(Nasella tenuissima)* und Spanisches Gänseblümchen wohlfühlen. Zu diesen eher zarten, naturhaften Pflanzungen steht ein Quadrat aus exakt geschnittenem, weißrandigem Buchs *(Buxus sempervirens* 'Elegantissima'*)* in interessantem Kontrast.

Die Gärten hinter dem Haus, mit dem schmalen, von Buchsbaum eingefassten Beet an der Giebelseite, der Obstbaumwiese, dem Buchsbaumgarten und dem Sommergarten, sind durch eine zentrale Blickachse miteinander verbunden und so zu einer Einheit verschmolzen. Den Anfang macht die Obstbaumwiese, wo die Ramblerrosen 'Veilchenblau' und 'Lykkefund' in Apfel und Birne ranken. Im Rasen sind kleine Pflanzinseln mit der historischen Rose 'Charles de Mills' und 'Ghislaine de Féligonde' angelegt und vier Buchsbaumkugeln zu einem Karree gepflanzt. An einfachen Holzgerüsten werden Obstbäume wie Heckenelemente als niedrige Spaliere gezogen. Im Schatten eines Apfelbaumes lassen sich Kaffee und Kuchen genießen.

Es folgt der Buchsbaumgarten, der wie ein Gartenzimmer wirkt, geteilt durch einen zentralen Weg und an zwei Seiten von Rotbuchenhecken eingefasst. Der langgestreckte Garten erhält so eine interessante Unterteilung und erscheint weniger schmal. Die Stauden in zarten Pastelltönen sind im Juni eine wahre Pracht. Rittersporn, von hell- über

Oben Grün und Weiß dominieren mit Kletterhortensie und großem Buchsbaum in ungewöhnlicher Form.
Rechts Der Rosenbogen im Sommergarten rahmt den Blick auf Staudenbeete in warmen Farben und auf das alte Bauernhaus.
Linke Seite Staudenrabatten rechts und links des zurückhaltenden, mit Klinker in Rauten eingeteilten Kieswegs

Oben Die Gärtnerei vor der neu eingedeckten Scheune
Oben rechts Die Randbereiche des Wassergrabens sind überwiegend in Gelb- und Grüntönen gehalten, mit rotlaubigem Felberich als Kontrast.
Unten Rittersporn hat es zu beträchtlicher Höhe gebracht, seine Blautöne ergänzt der rosa Fingerhut.

mittel- zu dunkelblau, hat sich zu beeindruckender Höhe entwickelt, ergänzt um die Kerzen von rosa Fingerhut, feinen Dreiblattspieren *(Gillenia trifoliata)*, rosa oder lichtblauem Wiesenstorchschnabel *(Geranium pratense* 'Mrs. Kendall Clarke'*)* und weißen Pfingstrosen. Entlang einem Kiesweg erhebt sich die gelb-braune Iris 'Provencal' aus einem Blütenmeer von grüngelbem Frauenmantel.

Im anschließenden Sommergarten dominieren warme Rot- und Gelbtöne im Frühsommer, mit rotem Mohn, apricotfarbenen Hohen Bartiris *(Iris barbata eliator* 'Champagne Waltz'*)* und frühen Taglilien. Im Spätsommer leuchten Sonnenhut, Goldrute, Greiskraut, Montbretien und Dahlien um die Wette. Als Kontrast sind aber auch schon mal Blautöne von Astern *(Aster frikartii* 'Mönch'*)* oder Lobelien eingewebt. Auf den ersten Blick vermutet man, der Garten sei hier zu Ende, doch weit gefehlt.

Vom Wald zur Wiese

Im Gegensatz zu den formalen Beeten im Buchsbaum- und Sommergarten ist der anschließende Waldgarten informell gestaltet; weißblühende Gehölze wie Hortensien, Hartriegel und Schneeballarten geben den Ton an, unterpflanzt mit schattenliebenden Stauden. Eine rustikale Eichenholzbrücke führt über den Entwässerungsgraben, der das Gartengrundstück umgibt. Am Rand leuchten gelbe Gauklerblumen, Frauenmantel, Farne und die heimische Sumpfiris. Einen Farbakzent setzen die roten Blätter des Felberichs (*Lysimachia ciliata* 'Firecracker').

Und dann öffnet sich überraschend eine Wiese, die Ute und Albrecht Ziburski zu dem Gartengrundstück hinzugekauft haben, um ihren Traum von Wildstauden und Gräsern zu verwirklichen. Eine Rasenfläche ist umgeben von harmonisch schwingenden Beeten, in denen die großen Stars ihren Auftritt haben. Im Mai zieht sich ein breites Band von Zierlauch *(Allium hollandicum)* in Violettblau durch eine Pflanzung, die sich Monate später völlig anders präsentiert. Ein Meer von Sonnenhüten *(Echinacea purpurea)* in hellem Rosa bis Rosarot erhält kleine Schaumkronen in Gestalt der weißen Art und der

Kaschmirdolde *(Selinum wallichianum)*. Die fast schwarzrote Engelwurz *(Angelica gigas)* erhebt sich imposant über ihnen. In den großzügigen Beeten gegenüber sind es im Spätsommer Gelb-, Orange- und Rottöne mit Sonnenbraut und Goldrute oder Rosaviolett mit Dost und Eisenkraut, Scheinaster *(Vernonia arkansana)* und Mädesüß. Alles ist fein durchwoben von unzähligen Gräsern, die im Frühsommer frisches Grün zeigen, im Herbst ockergelb im Abendlicht strahlen.

Oben Im Sommergarten bestimmen Rot- und Gelbtöne das Bild: Dahlien, Montbretien und Goldrute.

Oben links Von Hecken unterbrochene Blickachse durch die einzelnen Gartenzimmer

Unten Die braun-gelbe Iris 'Provencal' vor den Blütenwolken des Frauenmantels

Aus dem Garten in die Gärtnerei

»Unsere Anzuchtbeete, das ist eigentlich unser Garten«, erklärt Albrecht Ziburski, der für die kleine Gärtnerei zuständig ist, die seit 2009 vor allem Pflanzen aus dem eigenen Garten zum Verkauf anbietet. An einer alten, frisch mit Reet gedeckten Scheune hat Albrecht Ziburski die kleine Gärtnerei, von einer duftenden Rosenhecke umgeben, angesiedelt. Dort finden sich besondere Dahliensorten, Sterndolden, Dreiblattspieren, Kaschmirdolde, der Weiße Wiesenknopf, die Purpurkratzdistel, die dunkelrote Engelwurz oder die weiße Pfingstrose 'Krinkled White'. Der Garten ist Anschauungsort für die Besucherinnen und Besucher, die anschließend meist zielsicher nach besonderen Pflanzen Ausschau halten. Auch wenn einige, etwa Pfingstrosen, zugekauft werden, so stammen doch die meisten Pflanzen aus dem eigenen Garten; der gute Boden lässt sie kräftig wachsen oder sich aussäen. »Wir müssen immer mal wieder unsere Stauden aufnehmen und teilen und können sie dann in der Gärtnerei verkaufen«, meint Ute Ziburski. »Aber ich achte schon sehr genau darauf, dass die Pflanzen auch kräftig genug für den Garten bleiben.« Während Ute Ziburski für die vielen Beete zuständig ist, wird Albrecht Ziburski nach und nach die Gärtnerei ausbauen. Auch wenn beide das Gefühl haben, Garten und Gärtnerei seien eigentlich mehr als ein Fulltimejob für zwei Personen, mindert das ihre Gartenbegeisterung in keiner Weise.

Vom Dschungel in den Streifengarten

Garten und Freiraum, Bankholzen

Für Regine Ege und Harald Conrad stand fest: »Wir mussten es einfach tun, auch wenn wir manchmal dachten, dass es nicht gehen kann«, sagt Regine Ege von ihren Ideen und gleichzeitigen Befürchtungen. Im Herbst 2004 war es dann soweit – eine große Obstwiese in Bankholzen am westlichen Bodensee verwandelte sich in eine Gärtnerei und einen überraschend vielfältigen Schaugarten. »In unserer Gärtnerei haben wir viele Pflanzen, die im Schaugarten gezeigt werden, und unser Schaugarten ist für uns so etwas wie ein Labor zum Experimentieren und Lernen.«

Unten rechts Unter dem Kirschbaum liegt ein Teppich von panaschiertem Beinwell.
Unten Diagonale Rosmarin- und Lavendelhecken strukturieren den mediterranen Garten, Korbgeflechte setzen Akzente.

Rechte Seite Ein Blick in den Dschungelgarten mit weißrandigem Pfahlrohr und Rispenhortensie

Besondere Lieblinge unter den Stauden

Harald Conrad, gelernter Landschaftsgärtner, hätte nicht gedacht, dass ihn die Pflanzen im Detail einmal so sehr faszinieren würden, dass er sogar eine Staudengärtnerei aufbauen würde. Heute verbringt er ein Drittel seiner Arbeitszeit damit, Pflanzen zu vermehren und das Sortiment der Gärtnerei erweitern. Denn in der Zwischenzeit hat er eine wahre Sammelleidenschaft entwickelt. Es geht ihm nicht darum, möglichst alle Sorten einer Staude zu haben, diese müssen vielmehr seinen Ansprüchen genügen, wenn er damit Gärten gestaltet: »Das entscheidende Kriterium für die Aufnahme einer Pflanze in unser Sortiment ist ihr besonderer Nutzen für die Gartengestaltung.«

»Beim Brandkraut gefällt mir besonders die *Phlomis tuberosa* 'Amazone'. Eine Art, die sehr aufrecht steht und deren braune Fruchtstände noch lange nach der Blüte ein schöner Herbstschmuck sind.« Diese vielfältigen Qualitäten einer Staude interessieren ihn, denn nach der Lehre und einigen Jahren Berufspraxis studierte er, wie auch Regine Ege, die ursprünglich aus dem Gemüseanbau kommt, an der Fachhochschule in Höxter Landschaftsarchitektur. Sie planen und gestalten Gärten, entwickeln Konzepte und verwenden dabei Pflanzen aus der eigenen Gärtnerei. »Die weiße Brenndolde, *Cnidium silaifolium*«, sagt Regine Ege, »das ist ein imposanter Doldenblütler. Wenn er austreibt, dann sieht es aus wie eine grüne Wolke. Die Staude blüht sehr lange, wenn man sich auch noch die Mühe macht, Verblühtes herauszuschneiden.«

Mit frischen Ideen gestalten

Innerhalb von nur sechs Jahren haben die beiden auf der ehemaligen Obstwiese Beeindruckendes entstehen lassen. Im vorderen Bereich befindet sich die kleine Staudengärtnerei, teilweise überschattet von den ausladenden Kronen alter Obstbäume, unterteilt durch Heckenelemente und begleitet von seitlichen Rabatten mit Stauden und Gehölzen wie dem zartrosa blühenden Perückenstrauch. Ein breiter Rasenweg zieht sich, leicht geschwungen, zu einer hohen Hainbuchenhecke, hinter der sich der Schaugarten versteckt. Ein großer, hoher Rahmen aus Hainbuchen ist das Eingangstor, in das Regine Ege ein altes Holztor eingepasst hat, in der Waagerechten und Senkrechten jeweils mit den Buchstaben ihres Nachnamens 'EGE' versehen. Der Blick durch die beiden kreisrunden Heckenöffnungen zu beiden Seiten des Tors

Oben Ein Arrangement verschiedener Töpfe vor der Pergola mit Echtem Wein

Rechte Seite Im Mai erheben sich die Blüten von Zierlauch und weißen Tulpen über die niedrigen Hecken.

gibt gewissermaßen einen Vorgeschmack auf das, was sich entdecken lässt. Durch das frische Grün der Hainbuchenblätter erhascht man fast auf Augenhöhe einen Blick auf das graue Laub des Salbeis, der ein mit Trockenmauersteinen hochgelegtes Pflanzbeet ganz für sich allein hat.

Kräuter in mediterranem Grau

Silbrig schimmerndes Grau bestimmt die Atmosphäre des Gartens im Eingangsbereich: es gehört zu Steinen, Kies und Pflanzen, zur Linken zu Salbei, Thymian, Heiligenkraut, Currykraut, Rosmarin und Lavendel, zur Rechten zu einem höher gelegten, von einer Trockenmauer gestützten Terrassengarten. Dort setzt die Weidenblättrige Hängebirne *(Pyrus salicifolia* 'Pendula') mit ihrem grauen Laub einen Akzent. Im Spätsommer ragen noch die Fruchtstände der Steppenkerze in die Höhe, und weißlich-gelbe Schalenblüten des Stachelmohns *(Argemone polyanthemos)* leuchten in der Sonne.

Während auf der rechten Seite natürlich geschwungene Formen vorherrschen, setzt die strenge Formalität auf der linken Seite Kontraste. Besonders interessant wirken die diagonalen Linien der Wege und die als niedrige Hecken gepflanzten Mittelmeerkräuter oder Buchsbäume. Zwei verschiedene Lavendel sind als Hecken gepflanzt, *Lavandula angustifolia* 'Silver Blue' und *Lavandula* x *chaytorae* 'Richard Gray', die sich durch besonders silbrig-wolliges Laub und dunkelblaue Blüten auszeichnen. Ockergelbe Fruchtstände von Zierlauch und Doldenblütlern beleben noch im August die Pflanzungen. Die weißen Blüten des Schnittknoblauchs *(Allium tuberosum)* erheben sich über einer ungewöhnlich schmalen Rosmarinhecke, die zweimal im Jahr geschnitten und im Winter zum Schutz vor zu starken Frösten mit Vlies abgedeckt wird. Als Kontrast zu den silbrigen Tönen bringt dunkelrotlaubige Perilla *(Perilla fruticosa)*, ein einjähriges Gewürzkraut aus der asiatischen Küche, Farbe in diese Arrangements. Schmale, aufrechte Zypressen am Rande des Grundstücks betonen das mediterrane Flair des Gartens.

Einfach und wirkungsvoll

Das Zentrum des Gartens ist ein offener Platz, umgeben von drei großen Kirschbäumen. Zurückhaltend und die Farbe des mediterranen Gartens aufnehmend, besteht der Bodenbelag des Platzes aus grauem Kiessplitt der Region. Alte Holzleitern und Bohnenstangen lehnen hier und da an den Baumstämmen und dienen als Rankhilfen für Ramblerrosen und Clematis. Jeder Kirschbaum hat eine einheitliche, bodendeckende Unterpflanzung erhalten, die trotz des Schattens einen

lichten Effekt hat. In einem Fall sind es die grüngelben Blätter eines Beinwells *(Symphytum grandiflorum* 'Goldsmith'*)*, im Frühjahr begleitet von Winterlingen und weißen Tulpen; später bildet der Beinwell selbst zartblaue Blüten aus, ist aber auch durch sein gelb gerandetes Blatt lange Zeit attraktiv. Unter einer anderen Kirsche steht eine Bank in einem Teppich aus weiß-buntem Giersch *(Aegopodium podagraria* 'Variegata'*)*, der nicht so stark wuchert wie der grüne und sich bestens mit Narzissen und lilienblütigen Tulpen verträgt. »Wir pflanzen diesen Giersch ganz bewusst an; die Pflanzen ergänzen sich«, erklärt Regine Ege. Das Laub des oft verpönten Krauts und die weißen Doldenblüten lassen die welken Blätter der Tulpen schnell verschwinden. Für die dritte Kirsche haben Harald Conrad und Regine Ege die weiß gezeichnete Form des Salomonssiegels mit seinen elegant überhängenden Stielen und weißen Blüten gewählt. So einfach diese Bepflanzung auf den ersten Blick erscheint, so wirkungsvoll ist sie im Verlauf des Jahres. Im zeitigen Frühjahr abwechslungsreich kombiniert mit Blütenzwiebeln, vermittelt sie später im Jahr durch die flächige Bepflanzung Ruhe und durch das panaschierte Laub Lebendigkeit zugleich.

Dschungel und Schatten

Mehrere übereinander angeordnete Reifen aus Weidenruten hängen schwebend von einem Kirschbaum herab. Regine Ege beschäftigt sich vor allem im Winter mit Flechtarbeiten in vielfältigen Formen. Mal ist es eine Kugel, mal ein Kubus oder ein schmales Zaunelement, das abwechselnd mit Eiben für Raumbildung sorgt. Andere Weidengeflechte muten an wie übergroße, schlanke Gefäße oder gar bewegte Figuren, die wie zum Empfang vor dem Dschungelgarten stehen.

Solitärstauden, Gehölze und Gräser bilden in diesem Dschungelgarten ein dichtes Pflanzenbild. Das Indische Blumenrohr hat sich zu einer stattlichen Höhe entwickelt, die noch vom Pfahlgras *(Arundo donax)*, einem Riesen unter den Gräsern, übertroffen wird. Die Blüten der weißen Rispenhortensie werden umschmeichelt von den zarten, roten Blütenkerzen des Knöterichs, der über viele Wochen blüht. Federmohn erhebt sich im Vordergrund mit seinen Blütenwolken, und selbst die Japanische Banane *(Musa basjoo)* wächst hier und verbreitet mit ihren großen, schmückenden Blättern, wie auch der Blauglockenbaum, tropisches Flair. Da dieser Dschungelgarten in einer kleinen Senke liegt, ist

Oben links Durch das grüne Tor in der Hecke gelangt man vom Schaugarten in die Gärtnerei.
Oben Hohe, schmale Körbe aus Weidengeflecht am Eingang in den Dschungelgarten
Links Im trockenen, sonnigen Terrassengarten blühen aufrechte Steppenkerzen in hellem Gelb, ergänzt um Binsenlilien.

das Erlebnis der Üppigkeit vor allem dann gegeben, wenn man durch die Pflanzen hindurchwandert. In den schattigen Bereichen lassen sich dann weitere Kostbarkeiten entdecken, etwa die Chinesische Brennnessel *(Boehmeria platanifolia)* mit schmückendem Laub und weißen, fadenförmigen Blüten. Im Schatten der Gehölze zeigen sich das silbrige Blatt des Kaukasusvergissmeinnichts *(Brunnera macrophylla* 'Jack Frost'*)*, blaue Blüten von Staudenclematis *(Clematis heracleifolia)* und ein kletternder oder hängender Ehrenpreis *(Veronicastrum villosulum)*, der bis zu 2 Meter lange Triebe hat; seine intensiv violettblauen Blüten in den Blattachseln leuchten geradezu im frischen Grün der Blätter.

Klassisch und ungewöhnlich

Im Schaugarten von Regine Ege und Harald Conrad gibt es klassische und ungewöhnliche Gestaltungsideen. Ein Gartenbereich, eingefasst mit Buchsbaum, ist der typischen, englischen Staudenrabatte gewidmet. In einer halbkreisförmigen Pflanzung sind vor allem Präriestauden aus Nordamerika in vielen Gelbtönen zu bestaunen, und auf einem leicht modellierten Gelände finden sich die kleinen Schätze mit Matten von Thymian und einem Heliotrop *(Heliotropium amplexicaule)*, einem winterharten Verwandten des einjährigen Heliotrops, der erst extrem spät im Jahr austreibt, dafür aber von Ende Juni bis zum Frost blüht. Eine Laube mit Echtem Wein bildet den Eingang zum bunten Gemüsegarten.

Ungewöhnlich in Farbgebung und Kombination sind dagegen drei große graue Töpfe bepflanzt. Die Kronen von Albizien mit fein gefiedertem, dunkelrotem Laub erheben sich über Rotkohl und dunkellaubigem Grünkohl, umgeben von der zarten, weißblühenden Wolfsmilch *(Euphorbia* 'Diamond Frost'*)*, die auch auf den schönen Namen 'Zauberschnee' hört. Gleich nebenan sind schmale Pflanzbeete angelegt, abgegrenzt durch kleine Eibenriegel. »Hier wollten wir einmal zeigen, dass man auch kleine Flächen interessant nach ganz neuen Mustern gestalten kann. Hier sind unsere Streifengärten entstanden.« Sie bestechen durch gradlinige Formen und kontrastreiche Farben. In den Beeten sind jeweils nur drei verschiedene Pflanzen in Reihen gesetzt, etwa die immergrüne Iris *(Iris foetidissima)*, der rotstielige Mangold und das rotblättrige Purpurglöckchen. Eine andere Variante: grauer, wolliger Ziest, grün-rote Rutenhirse *(Panicum virgatum* 'Shenandoah'*)* und, in der Höhe alle überragend, strahlend rote Zinnien.

Regine Ege und Harald Conrad laden in der Saison regelmäßig in ihren sehenswerten Garten und ihre Gärtnerei ein, zu samstäglichen Spaziergängen bei Mondschein oder zu Führungen mit jahreszeitlichen Themenschwerpunkten.

Unten links Schmale Zypressen betonen die mediterrane Atmosphäre.
Unten Mitte Ein kleiner Streifengarten in Silber und Rot: Ziest, Rutenhirse 'Shenandoah' und rote Zinnien
Unten rechts Die rotlaubige Albizie ist unterpflanzt mit einem Sommerflor aus weißen Euphorbien.

Kleinod im Allgäu

Gärtnerei Porsch, Hergensweiler

Zwischen Wangen und Lindau, direkt an der vielbefahrenen Bundesstraße 12, liegt die Staudengärtnerei von Thomas und Andrea Porsch. Ein schönes Holztor und hohe Birken kennzeichnen den Eingangsbereich und verbergen zunächst den weitläufigen Garten und die Gärtnerei.

1987 haben die Eheleute Porsch eine große Wiese gekauft, an der kaum jemand Interesse hatte, und einen Schafstall gebaut, um braune Bergschafe zu halten, die den Sommer üblicherweise in den Bergen verbringen. »Als wir das Grundstück kauften, war hier weiter nichts, kein einziger Baum. Die Wiese war sumpfig und nass, was den Aufbau der Gärtnerei nicht einfach machte«, erzählt Andrea Porsch von den Anfängen.

Unten rechts Im lichten Grün unter Bambus und Birken versteckt sich eine Terrasse.
Unten Die Terrasse am großen Schwimmteich

Rechte Seite Thuja und Chinaschilf bilden den Rahmen für Sonnenhut, Greiskraut und Phlox.

Pflanzen und gestalten

Eigentlich wollte sich Thomas Porsch als Staudengärtner selbständig machen, hat später aber seinen Meisterbrief im Bereich Garten- und Landschaftsbau gemacht, um mit der Gestaltung von Gärten sein Geld zu verdienen. Doch die Idee einer eigenen Staudengärtnerei war weiter lebendig, und Andrea Porsch hat diesen Part nach und nach übernommen. »Mein Mann ist eigentlich der Gartengestalter und hat viele seiner Ideen auf diesem Grundstück umgesetzt. Ich komme von der Ausbildung her aus dem pädagogischen Bereich und habe mir das Wissen über die Stauden und die Vermehrung autodidaktisch beigebracht.«

Mehr als tausend verschiedene Arten und Sorten hat sie mittlerweile im Angebot, bewältigt die Arbeit in der Gärtnerei mit einer Teilzeitkraft und unter Mithilfe der Tochter bei der Pflanzenvermehrung. Geöffnet ist die Gärtnerei vom Frühjahr bis zum Herbst jeweils freitags und samstags, und es gibt regelmäßig Thementage mit der Präsentation besonderer Pflanzen. Die Staudengärtnerei und die Schaugärten, die Andrea und Thomas Porsch haben entstehen lassen, sind eine gelungene Ergänzung der Bereiche Pflanzenvermehrung und -verwendung und der Gartengestaltung.

Unter Birken, Ahornen und Kirschen

Einige Nadelbäume und hohe Laubbäume wie Pflaume, Kirsche, Ahorn, Robinie, Kastanie, Amerikanische Eiche oder Hainbuche lassen den Garten nach mehr als zwanzig Jahren alt und eingewachsen wirken. Im Schatten gedeihen Astilben und viele Funkienarten. »So können die Kundinnen und Kunden in unserem Garten auch sehen, wie groß zum Beispiel die gelblaubige Sorte 'Sum and Substance' im Garten tatsächlich werden kann«, meint Andrea Porsch. Die verschiedenen Gartenräume, ob in der Sonne oder im Schatten, am Wasser oder an der Terrasse, sind als Anregung gedacht.

Das hohe Eingangstor in den Garten besteht aus zwei entrindeten Baumstämmen, es lässt fast an einen gotischen Kircheneingang denken. Wenn man unter den Birken auf dem breiten, mit Naturstein eingefassten Kieswegen geht, entdeckt man im lichten Schatten Farne und Funkien, die an der Giebelseite des Schafstalls auch in großen Töpfen arrangiert sind.

Sandsteintröge in verschiedenen Formen und Größen sind mit Kiefern oder Steingartengewächsen bepflanzt. In einer Metallschale auf einem hohen Sockel streckt die Hauswurz ihre bizarren Blütenstände

Unten links Vor dem Schafstall mit Dachbegrünung und Säulenhainbuchen liegen die Topfquartiere.
Unten Mitte Gräser und eine Natursteinsäule als Akzente an der Kräuterspirale aus Findlingen
Unten rechts Große Natursteinplatten im Gartenzimmer
Rechte Seite Bunt und farbenfroh wirkt die große Staudenrabatte mit den vielen farblichen Varianten von Phlox.

empor. Auf einer kleinen Rasenfläche leuchten rostrote Metallgebilde, die ungewöhnliche Muster im Gras bilden. »Diese Metallplatten, aus denen Motive wie Ginkgoblätter herausgelasert wurden, sind eigentlich ein Abfallprodukt. Ich hatte dann die Idee, dass man sie mit einem Rahmen versehen und als Schmuckelemente in den Garten stellen kann«, erklärt Andrea Porsch. Diese Elemente haben zwar eine gewisse Transparenz, könnten aber trotzdem als Sichtschutz- oder Zaunelemente eingesetzt werden.

Von der Gärtnerei zum Schwimmteich

Die lichten Birken sind an vielen Stellen im Garten zu finden; hinzukommen Säulenhainbuchen, die vor allem das Bild der Gärtnerei prägen. Hinter dem holzverkleideten Schafstall, an dem Girlanden Wilden Weins hängen, sind die Topfquartiere angelegt worden. In sattem Gelb leuchten die Blüten von Sonnenhut und Sonnenauge. Unter einem Schattendach tun es ihnen die aufrechten Blütenkerzen des Greiskrautes *(Ligularia przewalskii)* mit seinen handförmig eingeschnittenen Blättern gleich. Grüntöne in allen Varianten sind vertreten durch das schmückende Laub vieler *Hosta*-Arten.

In lebhaften Violett- und Pinktönen erheben sich die Blüten des hohen Staudenphloxes, ergänzt um das intensive Rot der Indianernessel *(Monarda didyma* 'Garden Scarlett'*)*. Andrea Porsch erweitert ihr Sortiment ständig, zum Beispiel bei den Sonnenhüten *(Echinacea purpurea)*. Da gibt es die Sorte 'Green Envy', die mit einem ungewöhnlichen Farbenspiel aufwartet; anfangs sind die Blütenblätter grüngelb, verfärben sich dann aber zu einem kräftigen Magentarot.

Hinter dem Topfpflanzenquartier erhebt sich eine aus Findlingen errichtete Kräuterspirale, zu deren Füßen sich die pinkroten Blüten der Bodendeckerrose 'Knirps' teppichartig ausbreiten, begleitet von Lampenputzergras und dunkellaubiger Fetthenne. Eine Natursteinsäule ragt aus der Spirale hervor und führt den Blick in die Höhe; grüngelbes Chinaschilf *(Miscanthus* 'Zebrinus'*)* und ein mächtiges Exemplar von Chinaschilf, das sich ausgesät hat, bilden den Hintergrund und wirken wie ein thematischer Auftakt für den großen Schwimmteich.

Oben Stauden für alle Lebensbereiche, von Mauerpfeffer über Sonnenauge bis Greiskraut unter dem Schattendach

Oben rechts Im Schatten von Birke und Kirsche blühen Storchschnabel, Kerzenknöterich und Purpurglöckchen.

Unten rechts Selbst im Schatten scheint das gelbe Blatt der *Hosta* 'Sum and Substance' zu leuchten.

Unten Die Blüten des Sonnenhuts, eingebettet in die schmalen Halme des Chinaschilfs

Nach dem extrem trockenen Sommer von 2003 beschlossen Andrea und Thomas Porsch, ein Wasserreservoir für die Bewässerung anzulegen. Es musste höher gelegen sein, um das Wasser problemlos herunterleiten zu können. »Und dann haben wir entschieden, dass es gleich ein richtiger Schwimmteich werden sollte, den wir seitdem auch im Sommer regelmäßig zum Baden nutzen.« Von einer Holzterrasse aus lässt sich das Treiben der Libellen und grasgrünen Frösche, die sich auf den Blättern der Seerosen niederlassen, beobachten. Der Schwimmteich ist umgeben von einem grünen Gürtel aus Gräsern, Sumpfiris und Schilf; hier und da ergeben die Blüten von Taglilien oder Kerzenknöterich am Rand kleine Farbtupfer im Bild. Über dem ruhigen Grün lassen sich in der Ferne die lebhaften Farben einer üppigen Staudenrabatte entdecken.

Versteckt zwischen Bambus und Hecken

Den vollsonnigen, offenen Bereichen mit Kräuterspirale und Schwimmteich, die auch den Blick auf die hügelige Wiesenlandschaft ermöglichen, stehen kleinteiligere Gartenräume gegenüber. Oft sind sie von Hecken umgeben, die kleinere Gartenzimmer schaffen oder den ruhigen Hintergrund für ein interessantes Farbenspiel bilden. Vor einer breiten Thujahecke hat Andrea Porsch ein großes Staudenbeet angelegt. Den Anfang machen vor allem Gelbtöne mit Sonnenhut (*Rudbeckia* var. *sullivantii* 'Goldsturm'), Mädchenauge (*Coreopsis verticillata* 'Grandiflora') und hohen Königskerzen, eingebettet in die zarten Halme von Chinaschilf. Rote Farbtöne kommen mit dem Kerzenknöterich (*Persicaria amplexicaulis* 'Firetail') ins Spiel; zum Ende der Rabatte hin kommen Weiß, Pink, Rosa und Violett hinzu, mit Phlox, Anisdolde

und den zarten Blüten der Wiesenraute. Und mitten in der Staudenrabatte lädt ein Sitzplatz ein, Farben und Düfte zu genießen.

Hainbuchenhecken mit einem hohen, geschnittenen Torbogen führen in ein Gartenzimmer, dessen Zentrum ein rundes Beet mit einem Brunnen ist. Buchsbaum, hellrosa Hochstammrosen 'The Fairy' und weißgerandetes Chinaschilf *(Miscanthus sinensis* 'Morninglight'*)* verleihen dem Beet Formalität und Eleganz zugleich.

Hinter Hecken vorborgen sind auch die beiden Gewächshäuser, in denen Andrea Porsch ihre Pflanzen heranzieht. Bambus und hohe Stauden fassen eine mit großen Natursteinplatten gepflasterte Terrasse ein und machen sie zu einer Oase der Ruhe. In Holzbottichen haben Wasser- und Sumpfstauden ihren Platz gefunden, die auch in einem mit Lehm abgedichteten kleinen Teich wachsen. Und wer wieder etwas mehr Weite braucht, setzt sich am besten zwischen Birke und Kirsche an den Gartentisch und genießt die gelungene Bepflanzung mit Storchschnabel, Purpurglöckchen und rotem Kerzenknöterich.

Oben Hecken und hohe Stauden wie Dost ergeben immer wieder kleine Nischen.
Unten Die Hauswurz in der Schale zeigt ihre bizarren aufrechten Blüten zwischen transparenten Metallschirmen.

Verwegene Farben und flirrende Gräser

Staudengärtnerei Ewald Hügin, Freiburg

Wer bei Sommerflor leicht die Nase rümpft und nur an Eisbegonien oder Pelargonien denkt, kann sich durch einen Besuch in der Staudengärtnerei von Ewald Hügin in Freiburg eines Besseren belehren lassen. Etwas abseits von der Hauptstraße, nördlich der Innenstadt und umgeben von Grünflächen liegt die bereits 1988 gegründete Gärtnerei, die Kunden aus Deutschland, Frankreich und der Schweiz anlockt.

Links Neuseeländischer Flachs, indisches Blumenrohr und Prachtkerzen in den Farben von Rosa bis Dunkelrot
Rechte Seite Zwischen den zarten Blüten des Diamantgrases schieben sich die Kolben des Amaranth in den Vordergrund.

Exotisch und ungewöhnlich

Ewald Hügin spricht gerne von den »half hardy annuals«, den einjährigen Pflanzen, die aus tropischen und subtropischen Regionen stammen und meist mit intensiven Blüten- und Blattfarben auf sich aufmerksam machen. Auch wenn sie nicht winterhart sind, haben sie ihren Platz gefunden in den vielen, sich immer wieder verändernden Topfarrangements und im Schaugarten von Ewald Hügin. Schon am Eingang der Gärtnerei und in den Verkaufsräumen fallen die intensiven Farben ins Auge: Prachtkerzen in Weiß-Rosa, Lobelien in Rosa und Violett, Buntnesseln in kräftigem Pink-Rot oder gar Gelb-Rot, Lampenputzergras mit braunroten Halmen oder Australische Keulenlilie *(Cordyline australis)* mit schmalen, roten Blättern.

Vor einer Holzwand hat Ewald Hügin größere Kästen mit Pflanzen in gedeckten Farbtönen, von dunklem Rot bis Apricot, gestaltet, was wie ein vertikaler Garten wirkt, da die Pflanzen mehr als 2 Meter hoch sind. Der zarte Lachston der Schwarzäugigen Susanne wird begleitet vom Dunkelrot der ornamentalen Rizinus-Blätter, vom hellen Rot der Blüten des roten Lampenputzergrases *(Pennisetum setaceum* 'Princess'*)* und gedämpften Braunrot der Buntnesseln. Doch man sollte keineswegs erwarten, in der nächsten Saison die gleichen Kombinationen zu finden, denn Ewald Hügin experimentiert permanent mit Pflanzen und Farben.

Farbexperimente mit Silber

Auch im Schaugarten gibt es immer wieder Veränderungen, neue Ideen werden umgesetzt. Zwei Inselbeete, umgeben von Rasenwegen, erscheinen jedes Jahr in neuer Gestaltung. 2010 experimentierte Ewald Hügen mit zwei Farbkombinationen, für die die Farbe Silber jeweils wesentlicher Bestandteil war: einmal gesellten sich purpurne Töne hinzu, ein anderes Mal ein lichtes Grüngelb.

Nicht nur Purpur, auch Silber bringt vor allem das Laub der Pflanzen ein, etwa des Samtsalbeis *(Salvia leucantha* 'Midnight Purple'*)*, dessen Blätter und Blüten samtig erscheinen. Die weiß gerandeten, leicht gräulichen Blätter des Popof-Kohls *(Brassica oleracea)*, einer alten Gemüsepflanze, entfalten ornamentale Schmuckwirkung und bringen die burgunderroten Halme des Lampenputzergrases erst richtig zum Leuchten. Das hohe, weiß gerandete Pfahlrohr nimmt die aufrechte Form des Lampenputzergrases auf, steigert aber den Kontrast und ist höher. Im grauen Laub und zwischen den silbrig weißen, mit Reif überzogenen Stielen der Zierbrombeere *(Rubus thibetanus)* wirken die

Oben Von Rutenhirse bis zu Aster, Salbei oder tomatenrotem Sonnenhut reicht das Angebot.
Rechte Seite Die Gewächshäuser sind prall gefüllt.
Links Die üppigen Staudenrabatten in warmen Farbtönen: Dahlien, Salbei, Federmohn

Blüten des violetten Eisenkrautes *(Verbena bonariensis)* und die fedrig weißen Rispen des Grases *Pennisetum villosum* wie musterartig eingestreut.

Für Ewald Hügin müssen es nicht immer extravagante Blüten sein, die ein Beet zum Leben erwecken. Er versteht es meisterhaft, den Blattformen und -farben zu beeindruckender Wirkung zu verhelfen.

Im Herbst wird ein Teil der Pflanzen geräumt, um die Beete für das Frühjahr vorzubereiten, wo dann mehr als hundert Tulpen der Sorte 'White Triumphator' erstrahlen werden. »Und die weiteren Planungen stehen schon«, verrät Ewald Hügin. »Im Frühjahr 2011 wird die Farbe Goldgelb dominieren, gemeinsam mit einem hellen Blau. Im Sommer soll es dann Burgunderrot sein, das die Gelbtöne ergänzt.« Die Anregungen für solche Farbkombinationen ergeben sich manchmal aus ungewöhnlichen Zusammenhängen. »Die Farben habe ich auf einem T-Shirt gesehen«, sagt Ewald Hügin. »Und die Umsetzung wird schon eine Herausforderung werden.« Doch bei seinem Sortiment von etwa tausend Stauden und siebenhundert Annuellen wird er sicher fündig werden.

Zweiter Frühling im Herbst

Schon lange hat sich Ewald Hügin auf trockenheitsresistente Stauden spezialisiert. So bestehen Schotterbeete an den Gewächshäusern bereits seit mehr als zwanzig Jahren. Gräser und rotbrauner Fenchel sorgen für eine gewisse Höhe, während Salbei, Lavendel, Katzenminze oder Walzenwolfsmilch alles mit einem grauen Schleier überziehen, aus dem hier und da violette Astern und zartgelbe Nachtkerzen hervorschauen. Fortgesetzt hat Ewald Hügin dieses Thema mit einem kleinen Wadi, einem ausgetrockneten Bachlauf an der Längsseite des Glashauses mit vorherrschenden Blau-, Gelb- und Grautönen.

Den Herbst bezeichnet Ewald Hügin gern als zweiten Frühling. Ein geschwungenes Staudenbeet zieht sich von den Gewächshäusern zu den Topfquartieren, und im September und Oktober ist eine wahre Blütenpracht. Den Anfang machen die hellen Blütenwolken der Schönaster *(Kalimeris incisa* 'Charlotte'*)* in verwaschenem Hellblau, gefolgt von der *Aster lateriflorus* 'Snow Flurry' in strahlendem Weiß. Einen großen Anteil an diesem herbstlichen Frühling haben die Gräser, die dann in voller Blüte stehen. Fast weiß und malerisch überhängend

zeigt sich das Chinaschilf *(Miscanthus sinensis* 'Kaskade'*)*, das seinem Namen alle Ehre macht. Das Dunkelrosa der Dost-Dolden wiederholt sich in den braunroten Blüten des Chinaschilfs 'Malepartus'. Zwischen den zarten, fast rosa Blüten des Diamantgrases *(Achnatherum brachytricha)* spielen sich überraschenderweise die ungewöhnlichen, dunkelroten Kolben des einjährigen Amaranth *(Amaranthus gangeticus* 'Elephant Head'*)* in den Vordergrund. Es folgen Weiß- und Blautöne mit dem graublauen Strandhafer *(Ammophila breviligulata)* und seinen geneigten Blütenrispen, und der große Staudenbogen endet dann in den warmen Farben Goldgelb, Orange und Rot. Auch hier ist es die Mischung von Stauden und Einjährigen mit exotischen Laubfarben, die die Faszination ausmacht. Selbst der Sonnenhut *(Echinacea purpurea* 'Sundown'*)*, der noch einen Hauch von Purpur in seiner Blüte hat, wirkt in der Kombination mit Rot und Orange harmonisch, da er umgeben ist von den filigranen, schwarzroten Blättern des Papageienblatts *(Alternanthera spec. ex* Sri Lanka*)*. Allen Pflanzliebhaberinnen und -liebhabern sei angeraten, mehrmals in der Staudengärtnerei von Ewald Hügin vorbeizuschauen und sich von den immer wieder neuen, ungewöhnlichen Pflanzen- und Farbkombinationen überraschen zu lassen.

Oben Variationen in Silber und Purpur mit gestreiftem Pfahlrohr, im Vordergrund die weißen Wolken der Aster 'Snow Flurry'

Rechte Seite oben links Das überhängende Chinaschilf 'Kaskade' und üppiger Dost

Rechte Seite oben rechts Die Herbstsonne lässt die warmen Farben leuchten und die Gräser flirren.

Rechte Seite unten links Harmonisch ergänzen Silber, Violett und Blau die rosabraunen Blüten des Dosts.

Rechte Seite unten rechts Korbblüten in Gelb und Orange und tiefes Rot der Sonnenblume

Schwung und Bewegung

Staudengärtnerei Sarastro, Ort, Innkreis, Österreich

Im österreichischen Ort im Innkreis hat Christian Kreß in seiner Gärtnerei zu ungewöhnlichen Gestaltungsideen gegriffen. Alles scheint in Schwung und in Bewegung zu sein, nicht nur die vielen Gräser, sondern auch Mauern und Hecken. Am Parkplatz ist die Hecke zu Zinnen geschnitten, rechterhand schwingt sie harmonisch in Wellenbewegung auf und ab. Die neu gestalteten Ziegelmauern nennt Christian Kreß »Mauern des Ozeans«.

Links Ein altes Metallbett am Teich wurde mit Zierlauch und Hauswurz bepflanzt.
Rechte Seite Selbst in den Backsteinpfeilern des Tors zum Garten: Hauswurzarten

dir Zeit
ieße
garten!

Oben Der Steingarten in silbrig blauen und roten Farbtönen unter den Blicken einer kleinen Figur aus Mauerpfeffer und Hauswurz
Unten Den Eingang zur Gärtnerei rahmen eine Zierkirsche und ein Gartenhäuschen.

Der Kiesgarten am Eingang

Klinkersteine hat Christian Kreß für ein erhöhtes Rondell oder unregelmäßige Säulen und Mauerelemente im vollsonnigen Kiesgarten verwendet. Und heute scheint hier alles in Grau und Violett zu erstrahlen mit den weichen, silbrigen Blättern von Salbei und dem grauen Laub und den aufrechten Blüten der Blauraute *(Perovskia)*. Die Afrikanische Schmucklilie blüht violettblau, Iris und Yucca setzen mit ihren schmalen, aufstrebenden Blättern interessante Kontraste. Walzenwolfsmilch *(Euphorbia myrsinites)* und niedriger Beifuß *(Artemisia schmidtiana* 'Nana'*)* schmiegen sich weich an die Trockenmauern. Auf einem Stuhl hat ein merkwürdiges Wesen Platz genommen: der Kopf aus Keramik ist mit Mauerpfefferarten bepflanzt, auf dem Leib gedeiht dazu noch Dachwurz, die auch aus den alten Schuhen hervorlugt.

Auf die Frage nach dem Umfang seines Sortiment meint Christian Kreß: »Das weiß ich jetzt gar nicht genau; ich hab sie lange nicht mehr gezählt.« Und das ist nicht verwunderlich, wenn man bedenkt, dass die größte Sammlung von Anemonen in Europa sowie allein ungefähr hundertfünfzig Arten und Sorten der Dachwurz im umfangreichen, liebevoll gestalteten Katalog von Christian Kreß aufgeführt sind. Selbst auf dem Dach eines Gartenhäuschens, auf Mauerkronen, in Nischen oder auf einzelnen Dachziegeln haben die Rosetten der Dachwurz Platz genommen.

Gartenbegeisterung und Reisefreuden

Seit mehr als zwanzig Jahren lebt und arbeitet Christian Kreß, der eigentlich aus dem Schwarzwald kommt, als Staudengärtner in Oberösterreich. 1995 hat er sich selbständig gemacht. Auch wenn er und seine Mitarbeiter gut 90 Prozent ihrer Pflanzen selbst vermehren, macht die Gärtnerei nicht den Eindruck einer reinen Produktionsstätte. Vielmehr ist Christian Kreß an ästhetischer Gestaltung gelegen, an Gartenkultur, an gärtnerischem Erleben, an Begeisterung für Pflanzen und Gärten. Langjährige Praxis, viele Auslandsaufenthalte und Wanderjahre in Deutschland, England, der Schweiz und den Niederlanden haben ihn immer wieder bestärkt, und heute zeigen seine Schaupflanzungen Ungewöhnliches und Traditionelles, sie sind Zeugnis seiner Erfahrungen, Ideen und kreativen Umsetzung. Er hatte nie Gartencenter-Ambitionen, es gibt keine Hochglanzplastikschilder oder eingeschweißte Fotos, die sowieso irgendwann unansehnlich werden. Vielmehr lohnt sich ein Besuch zu jeder Jahreszeit, um die unzähligen Pflanzenschätze in Blüte zu erleben; und wir finden viele natürliche Materialien: wiederverwendete Klinker, Dachpfannen, Natursteine, vergraute Zaunelemente oder Holzfenster, ja selbst ein altes Metallbett.

Der Einladung folgen

Die Gärtnerei von Christian Kreß liegt inmitten von Wiesen und Feldern; als er das 1 Hektar große Grundstück erwarb, war es nichts als Wiese mit gutem Schwemmboden. Die gute Verkehrsanbindung ist für ihn ein Vorteil, doch auch der einzige Wermutstropfen, denn zunächst empfindet man den Autolärm noch etwas störend. Man vergisst ihn aber schnell, wenn man erst einmal richtig in die Gärtnerei und die Schaupflanzungen eintaucht.

Schon 2002 hat Christian Kreß erste Schaupflanzungen angelegt. Ein einladender, gemauerter Torbogen mit einer verzierten Holztür weist den Weg zu einem naturnah anmutenden Schaugarten mit großem Teich. Im lichten Schatten einer Weide, auf saftig grünem Rasen steht ein altes, rostiges Metallbett, liebevoll mit alpinen Stauden und Zierlauch geschmückt. Die kleine Rasenfläche vor dem Teich ist ge-

Unten links Alte Metallgitter am Rande des natürlich angelegten Teiches
Unten Ein kleines, schiefes Backsteintürmchen überragt Anisdolde und Blauraute.

rahmt von Stauden, Gräsern und Gehölzen. Die Rose 'Ghislaine de Féligonde' wird zart umspielt von des Rispen des Pfeifengrases *(Molinia arundinacea* 'Cordoba'*)*, die Blütenfarben des imposanten Wasserdosts und der Roten Engelwurz *(Angelica gigas)* ergänzen einander. Ein braunes Metallgitter steht schützend am Teichufer, das üppig mit Gräsern, Blutweiderich und Schaublatt bepflanzt ist; weiße Seerosen leuchten auf der Wasseroberfläche.

Im Schatten und in der Sonne

Gleich neben dem Teichgarten hat Christian Kreß einen Bereich angelegt, der halbschatten- und schattenliebenden Stauden, einer weiteren Spezialität der Gärtnerei Sarastro, vorbehalten ist. Im Schatten der Gehölze und im Katalog finden sich vielerlei Funkienarten, weiß und gelb gerandete, Riesen und Zwerge, mit graublauen oder gelbgrünen Blättern. Hinzukommen Salomonssiegel, Storchschnabel, Japangras *(Hakonechloa)*, Farne und der Schlangenknöterich *(Bistorta persiciaria virginiana* 'Painter's Palette'*)*, dessen gelbgrüne Blätter lebhafte, rote Flecken aufweisen. Eine hohe, wellenförmig geschnittene Hecke beschützt diesen kleinen Gartenbereich, und ein Durchgang führt auf eine offene, sonnenbeschienene Rasenfläche, die schwungvoll in Serpentinen von neuen schmalen Beeten durchzogen ist. Man möchte sich auf die Bank stellen, um das geschwungene Band als Ganzes genießen zu können. Sonnenbraut in Gelb und Orange, Astern in zartem Violett, Ehrenpreis und cremefarbener Beifuß sind kombiniert mit Gräsern und Wiesenknopf *(Sanguisorba tenuifolia var. alba* 'Rosea'*)* mit zart hängenden Blüten und filigranem Laub. Diese neueste Schaupflanzung wird sich noch weiter entwickeln und in den kommenden Jahren ihre ganze Pracht entfalten.

Die Mauern des Ozeans

Eine in die Jahre gekommene Staudenrabatte, den englischen *mixed borders* nachempfunden, wurde im Herbst 2007 aufgenommen, der Boden gelockert und verbessert. Christian Kreß wollte etwas ganz Neues entstehen lassen, und er errichtete Mauern aus alten Ziegeln, die der Gärtnerei eine ganz besondere Atmosphäre verleihen. Denn die drei Mauern sind wellenförmig geschwungen, laufen unregelmäßig auf und ab, von rechts nach links, haben Nischen und Fenster, die den Blick auf Details freigeben. Sie bedeuten nicht Trennung, sondern integrieren die Pflanzen, werfen Schatten, fangen das Sonnenlicht ein, lassen die Blütenfarben hervortreten und verleihen dem Garten auch im Winter feste Strukturen. Christian Kreß verwendete alte Ziegel, die schon eine gewisse Patina hatten und in den Farben changierten.

Deren Töne wiederholen sich in den Blütenfarben mit Ocker, Violett und verschiedenen Rots, unterstützt vom Graublau einiger Gräser wie der Rutenhirse *(Panicum virgatum* 'Prairie Sky'*)* oder des Präriegrases *(Schizachyrium scoparium)*, das effektvoll vor dem Rot der Mauer steht. Viele Stauden sind in langen Drifts gepflanzt, folgen dem Schwung der Mauern.

Bei der Auswahl der Pflanzen waren neben der Farbe auch die Aspekte frühe und lange Blütezeit sowie Vielfalt von Bedeutung. Als Dauerblüher haben sich vor allem die Duftnesseln in den Farbtönen Lilarosa *(Agastache* 'Pink Sunrise*)* und Lilarot ('Linda') erwiesen, ebenso die Prachtkerze *(Gaura lindheimeri)*. Im Herbst dürfen Astern nicht fehlen, und die Blütenstände der Fetthennen sind bis spät im Jahr noch attraktiv. Ockerfarbene Wolken der Waldschmiele *(Deschampsia cespitosa* 'Goldtau'*)*, von denen Christian Kreß siebzig Stück gepflanzt hat, ziehen sich wie ein lockeres Band durch die Pflanzungen und sorgen mit ihren zarten Blüten für ein warmes Leuchten. Entgegen den sonstigen Empfehlungen werden die Stauden in den neuen Beeten schon im Herbst zurückgeschnitten. Denn im zeitigen Frühjahr birgt der Garten einen anderen Schatz: Ungefähr zweihundert verschiedene Schneeglöckchen hat Christian Kreß gesammelt, und die sollen sich in ihrer ganzen Pracht zeigen können.

Oben Geschwungene Mauern in Beeten mit Stauden und Gräsern nehmen deren Wogen auf.

Linke Seite An den Backsteinmauern lehnen Rutenhirse, Anisdolde und Storchschnabel.

Unten Mauerpfeffer und Dachwurz wachsen auf den Dachpfannen, und die kleinen Töpfe an der Wand wirken wie gerahmte Bilder.

Adressen

Artemisia
Allgäuer Kräutergarten
Hopfen 29
88167 Stiefenhofen
Tel.: 00 49 (0) 83 86/96 05 10
www.artemisia.de
Seite 44

Baumschule und Staudenkulturen Friedrich Camehl
Im Grundfeld 5
29399 Betzhorn
Tel.: 00 49 (0) 58 35 /352
www.baumschule-camehl.de
Seite 66

Garten und Freiraum
Regine Ege und Harald Conrad
Hegaustraße 5, Eingang an der Schulstraße
78345 Bankholzen
Tel.: 00 49 (0) 77 32 /97 94 20
www.garten-frei-raum.de
Seite 118

Landhaus Ettenbühl
Hof Ettenbühl
79415 Bad Bellingen-Hertingen
Tel.: 00 49 (0) 76 35 /8 27 97-0
www.landhaus-ettenbuehl.de
Seite 14

Staudengärtnerei Gaissmayer
Jungviehweide 3
89257 Illertissen
Tel.: 00 49 (0) 73 03/72 58
www.gaissmayer.de
Seite 94

Staudengärtnerei Sylvia Göbel
Am Mühlberg 9 A
19205 Schönfeld-Mühle
Tel.: 00 49 (0) 388 71 /5 75 59
www.staudengaertnerei-sylviagoebel.de
Seite 56

Die Gärtnerei
Gabriele Hehl und Eckhard Dürre
Chamissostraße 28
60431 Frankfurt
Tel.: 00 49 (0) 69 /51 51 37
www.die-gärtnerei.de (im Aufbau)
Seite 70

Staudengärtnerei Ewald Hügin
Zähringerstraße 281
79108 Freiburg
Tel.: 00 49 (0) 761 /55 37 25
www.gaertnerei-huegin.schlepprock.de
Seite 130

Staudenkulturen Klingel & Luckhardt
Fliederweg 10
21789 Wingst
Tel.: 00 49 (0) 47 78/325
www.stauden-klingel-luckhardt.de
Seite 88

Staudengärtnerei Klützer Blumenkate
Im Thurow 10
23948 Klütz
Tel.: 00 49 (0) 388 25 /243 89
www.kluetzerblumenkate.de
Seite 32

Stauden Kopf
Haltestellenweg 2
6832 Sulz
Österreich
Tel.: 00 43 (0) 55 22 /445 15
www.stauden-kopf.at
Seite 100

Sarastro-Stauden
Christian H. Kreß
Ort 131
4974 Ort, Innkreis
Österreich
Mobil: 00 43 (0) 664/2 61 03 62
www.sarastro-stauden.com
Seite 136

Biolandbaumschule Aloys Pöhler
Flachsmoor 1
49685 Höltinghausen
Tel.: 00 49 (0) 47 73 / 13 35
www.bioland-baumschule.de
Seite 50

Gärtnerei Porsch
Obernützenbrugg
88138 Hergensweiler
Tel.: 00 49 (0) 83 81 / 36 61
www.porsch-stauden.de
Seite 124

Baumschulen Reichenbach
Schonau
8915 Hausen am Albis
Schweiz
Tel.: 00 41 (0) 44 / 764 03 04
www.baumrei.ch
Seite 62

Rosenschule Ruf
Zum Sauerbrunnen 35
61231 Bad Nauheim-Steinfurth
Tel.: 00 49 (0) 60 32 / 818 93
www.rosenschule.de
Seite 82

Duft- und Wandelgärtnerei Schoebel
Hindenburgplatz 3
29468 Bergen an der Dumme
Tel.: 00 49 (0) 58 45 / 237
www.gaertnerei-schoebel.de
Seite 38

Gartenzeiten Schwarz
Rastatter Straße 50
77694 Kehl-Bodersweier
Tel.: 00 49 (0) 78 53 / 324
www.gartenzeiten-schwarz.de
Seite 8

Seleger Moor
8911 Rifferswil
Schweiz
Tel.: 00 41 (0) 44 / 278 50 20
www.selegermoor.ch
Seite 76

Alte Gutsgärtnerei Sierhagen
Heidberg 1
23730 Altenkrempe
Tel.: 00 49 (0) 45 61 / 51 34 30
www.gutsgaertnerei-sierhagen.de
Seite 26

Stadtgärtnerei Zürich
Sackzelg 25/27
8047 Zürich
Schweiz
Tel.: 00 41 (0) 44 / 492 14 23
www.stadt-zuerich.ch/stadtgaertnerei
Seite 20

Die Wildstaudengärtnerei Patricia Willi
Neumühle 2
Waldibrücke
6274 Eschenbach
Schweiz
Tel.: 00 41 (0) 41 / 448 10 70
www.wildstauden.ch
Seite 106

Garten Moorriem
Ute und Albrecht Ziburski
Huntorf 1
26931 Elsfleth
Tel.: 00 49 (0) 44 85 / 46 29 04
www.garten-moorriem.de
Seite 112

Bildnachweis

Harald Conrad Seite 118 unten links, 121, 122 unten
Werner Ruf Seite 82 unten rechts, 84, 85 oben, 87 oben
Julia Schmoldt Seite 35
Jutta Schneider, Michael Will Seite 2, 15, 16, 17, 19 oben, 62, 63, 64, 65 oben, 77 f., 79 oben, 80 oben rechts, 81 oben links, 130 links, 133, 135 oben rechts
Karen Schoebel Seite 42
Alle anderen Fotos stammen von Cordula Hamann.

Dank

Allen Gärtnerinnen und Gärtnern, die mich so herzlich empfangen haben, mir ihre Zeit schenkten und Fotos zur Verfügung stellten, gilt mein besonderer Dank. Ihre Begeisterung für Pflanzen und ihre Gestaltungsideen ließen meine Besuche in den Gärtnereien zu besonderen Erlebnissen werden.

Meine Auswahl ist eine ganz persönliche und erhebt keinen Anspruch auf Vollständigkeit. Denn in der Zwischenzeit habe ich viele weitere fantasie- und liebevoll gestaltete Gärtnereien entdeckt, die es verdient hätten, in einem Buch vorgestellt zu werden. Leider war es mir in diesem Rahmen nicht möglich; für Hinweise auf weitere Gärtnereien bin ich dennoch jederzeit dankbar: Cordula.Hamann@t-online.de

Ein Dank an die Fotografen Jutta Schneider und Michael Will für die wiederum unkomplizierte Zusammenarbeit und ihre ausdrucksstarken Fotos.

Bedanken möchte ich mich für die Unterstützung meiner Lektorin Carla Freudenreich und bei Monika Pitterle für die Gestaltung des Buches, für Farbwahl, Grafik und Layout.

FSC www.fsc.org
MIX
Papier aus verantwortungsvollen Quellen
FSC® C004592

Das für dieses Buch verwendete FSC®-zertifizierte Papier *Allegro halbmatt* liefert Sappi, Biberist, Schweiz.

1. Auflage

Satz und Layout: Monika Pitterle
Gesetzt aus der Thesis Serif Light und der Thesis Sans Light
Lithographie: Repro Ludwig, Zell am See
Druck und Bindung: Firmengruppe APPL, aprinta druck, Wemding
Printed in Germany
ISBN 978-3-421-03821-0
www.dva.de